この度はせせらぎ出版の書籍をご購入いただき、
誠にありがとうございます。
本書はアイエス・エヌ株式会社から出版された書籍を
株式会社せせらぎ出版からそのまま出版しています。
出版社の変更にあたり、
書籍の内容に変更はございませんが、
下記につきまして、ご了承いただきますよう
何卒よろしくお願い申し上げます。

- ISBNコードを変更しています。
- 表紙カバー・奥付の出版社名は
  「株式会社せせらぎ出版」に変更していますが、
  カバー下の表紙やトビラページなど、
  一部「アイエス・エヌ株式会社」の名前が
  残っております。

せせらぎ出版

走れ！児童相談所❷

光に向かって

過酷案件が続く中、
所員たちは今日も熱い！

元児童福祉司
安道 理
Ando Satoshi

アイエス・エヌ株式会社

走れ！

児童相談所2

光に向かって

目次

登場人物

里崎聡太郎　一般行政職として県庁に勤務していたが、人事異動に伴い福祉専門職中心の児童相談所で働くことに。持ち前の熱い心を唯一の武器に、ケースワーカーとして、一人の人間として成長していく。

田丸真理子　里崎と同期入庁の福祉専門職。姉御肌《あねごはだ》で気は強いが、優しい心の持ち主。本庁の児童家庭課から、熱望していた児童相談所に異動。里崎の良き相棒。

西村知子　心優しい若手児童心理司。多忙で過酷な仕事に向き合いながらも、身だしなみに気を配るオシャレ女子。

緑川桐子　児童相談所に勤務する福祉専門職。田丸にケースワーカーとして鍛え上げられた実力派。里崎の天敵。

後藤桜子　緑川と同期の福祉専門職でやはり田丸に鍛え上げられた一人。長閑《のどか》な口調とは裏腹な実力派。里崎の天敵2。

長谷部課長　どんな状況にも決して動じない、まさに鈍感力の人。里崎を温かく見守る存在。

司馬係長　児相の理論的支柱のような臨床心理士。シニカルで冷めた口調が特徴。しかし、心の中は誰よりも熱い思いが詰まっている。

中山係長　児相の若手ケースワーカーのまとめ役。クライアントの状況を見抜く鋭い洞察力の持ち主。長谷部の右腕的存在。

前山次長　児相一筋三十年のベテラン。あらゆるケースを経験した生き字引。

人事異動

冬を引きずった冷たい空気を頬《ほお》に感じながら、里崎は窓の外をぼんやりと眺《なが》めていた。先ほどまでおぼろげだった東の山の稜線《りょうせん》が、紫がかった雲を背に、くっきりと浮かび始めている。世の中は急速に変化していくが、朝の清々しい景色は、清少納言《せいしょうなごん》が見ていた頃とさほど変わらないのだろうと思いながら、里崎は朝日が山を越えて来るのを待った。程なく、眩《まばゆ》い朝の光が顔を照らすと、それを合図に里崎は名残を惜しんでいた温かい布団から這《は》い出した。

おずおずとキッチンに向かうと、いつもより多めの豆を挽き、コーヒーメーカーのスイッチを入れた。トースターに六枚切りのパンを二枚放り込み、細かく刻んだベーコンをフライパンで炒め、溶き卵と絡めると、さっと塩、胡椒をふりかけ、焼きあがったパンに挟み込んだ。

いい加減なサンドウィッチを濃いコーヒーで流し込むと里崎は時計に目をやった。六時半。いつもよりずっと早く目が覚めた分、出発までは一時間半も時間があった。

ゆっくりとシャワーを浴び、支度を整えると、里崎は職員録を手に取り、まじまじと見つめ始めた。「一体、誰がやってくるのだろう? あの日からもう一年が過ぎたのか……」と心の中で呟《つぶや》きながら、ひらりひらりとページをめくっていった。

里崎が激務で疲れているにもかかわらず、いつもより早く目が覚めたのには理由があった。今日は県庁の人事が発表される日なのだ。里崎の勤める児童相談所、三和県中央子ども家庭センターの誰が抜けて、その代わりに誰が入ってくるのか。特殊な仕事を行っている児童相談所にとって、人事異動は所内の戦力が上がるか下がるかを左右する大きなマターだ。

経験豊かな福祉専門職が増えれば戦力アップに繋《つな》がるが、里崎のような事務屋が送り込まれてくると、戦力が下がるだけでなく、その素人をケースワーカーに育てるという時間と労力も必要になってくる。子どもの命がかかる仕事をしている児童相談所にとって、これはとても大きな問題なのだ。

里崎は不安と期待が入り混じる思いで、自宅を出た。運転しながら里崎は、去年の人事異動について思い出していた。不本意な人事異動だったこと。田丸から電話がかかってきていきなり怒鳴り散らされたこと……。そして、赴任《ふにん》してから今までの苦労や感動……。どれもこれもあまりにも劇的過ぎる気がした。

「いろいろあったな……」

里崎は、小さな笑みを浮かべた。この一年間に起こったさまざまな出来事が、映画を早送りするように次々と浮かんでは消えていった。辛く、悲しい出来事も多かった。だが、そうしたすべての出来事が途轍《とてつ》もなく重く、大切な記憶として里崎の心に刻まれていた。

ハンドルを握る指の一本一本に力がこもった。

事務所に入るといつもと変わらぬ光景が広がっていた。朝から電話が鳴り響いている。里崎も席につくと早速昨夜の最終面接の記録を打ち始めた。いつもなら驚くべきスピードで記録が綴《つづ》られていくのだが、今日は思うように文章が浮かんでこない。やはり人事のことが気になっているのだ。

十時には総務課に人事異動の内示一覧がメールされてくる。心なしか事務所全体にもそわそわした雰囲気《ふんいき》が漂っている気がした。みんな、いつも以上に時計を気にしている様子だ。

「あれ～、今頃昨日の面接記録を書いてるんですか？　確か、面接内容はその日のうちに記録するのが里崎流でしたよね？　有言不実行じゃないですか？　里崎さ～ん」

里崎が振り返ると、緑川がパソコンの画面に冷たい視線を送りながら立っていた。

「なんだよ、うるさいな！　昨日の最終面接は『殺してやる！』って連呼されながら十一時までかかったんだ。疲れきってその日のうちに書けない場合だってあるだろ！」

「そりゃあ、ありますよ、私たち凡人《ぼんじん》にはね。毎日、面接や家庭訪問で追い立てられてるんですから。でも、面接内容はその日のうちに記録するっていうのは優秀な里崎さんがご自分でお決めになったことだと記憶してるんですけど。ねえ、後藤さん」

「そうですぅ～。優～秀～な里崎さんは、私たちと違って記録を打つのが速いって自慢されてましたものねぇ～。当然、どんな状況でも必ずやってのけるんだろうって、尊敬してたんですよ～。残念ですぅ～」

「何が尊敬だよ！　君たちの表情には軽蔑《けいべつ》の二文字しか浮かんでないよ！　邪魔《じゃま》するなよ、今日は上手く書けなくて困ってるんだから」

憮然《ぶぜん》とした表情で答える里崎に、緑川が怪しげな笑みを浮かべながらさらりと言った。

「人事異動、気にしてるんでしょ」

「べ、別に気にしてないよ……」

「顔に図星だって書いてありますよ、里崎さん。ほんとわかりやすいですよね」

「ほんとですぅ～。すぐに顔に出ますよね～。きゃはははは」

「君たちだって気になってるんだろ！」

「ぜ～んぜん。私と後藤さんは今から家庭訪問に出るんです。人事異動なんて気にしている暇はありませんから。行きましょ、後藤さん」

「は～い。しっかり記録書いてくださいねぇ～、優～秀～な里崎さぁん。」

そういうと二人はくるりと背中を向けて、そそくさと事務所を出ていった。

里崎は心の中で小さく舌打ちをすると、落ち着かない様子で再びパソコンのキーを打ち始めた。やっと半分ほど打ち終わったとき、事務所の入り口のドアが開いた。総務課長が異動表らしき書類を片手に一階から上がってきたのだ。彼は、真っ直《まっす》ぐに長谷部課長の机に向かって歩いていくとその書類を彼女に手渡した。

「長谷部さん、人事異動の内示です」

「ありがとうございます」

長谷部は受け取った異動表にざっと目を通すと満足げに微笑んだ。そして、それを二部コピーすると、所長室と次長室に一部ずつ届け、その足でニコニコしながら里崎の机にやってきた。

「相棒が来たわよ」

そう言って、異動表を里崎の机に置いた。里崎は慌《あわ》てて異動表に目を通した。

「あ〜！」

里崎があまりにも大きな声を出したので、周りの職員が里崎の席に集まってきた。異動表には「田丸真理子」の名前がくっきりと印字されていた。

「ほう〜。姉御《あねご》が戻ってきたね」

司馬が嬉《うれ》しそうに言った。

「里崎さん、こりゃあ、相当気合い入れないと、怖いよ〜」

中山は、茶化すようにそう言うと、里崎の肩をポンと叩いた。

ここで、あいつと一緒に仕事をするのか……里崎は田丸の笑顔を思い浮かべながら、とても嬉しく、また、頼もしくも思ったが、身の引き締まるような緊張感も覚えるのだった。しっかりやらないと……里崎は自らに気合いを入れると、背筋を伸ばして、勢いよくキーを打ち始めた。先ほどまでとは打って変わって、キーを打つ指は、ピアノを奏《かな》でる如《ごと》く軽やかに文章を紡《つむ》いだ。

記録を仕上げると、里崎はネグレクトケースの家庭訪問に向かうため、中庭の公用車置き場へ向かった。

駐車場横の植え込みでは、三月末の透き通った陽光《ようこう》の中、レンギョウが小さな黄色い花を枝いっぱいに咲かせ、暖かさを増した春風と踊っていた。数日前までは葉の落ちた寒々とした枝だけを風に揺《ゆ》らせていたのに、まるでミダス王が触れたかのように全身を黄色く染めている姿は、里崎に生命の力強さを実感させる美しさだった。里崎は暫《しばら》くその美しさに見とれていた。心がほっとして落ち着いていくのがわかった。

虐待対応に明け暮れていると、目の前で繰り返される非日常的な出来事が世の中の日常であるかのように錯覚するときがある。そんな時、里崎は一体日本はどうなってしまったのだろうかと、どんよりとした不安に包まれ、肺に鉛でも詰まっているような息苦しさを感じるのだった。だが、春風に揺れる美しいレンギョウの花は、平和な日常がちゃんと日本中に溢《あふ》れているということを、里崎に思い起こさせるかのように優しく語りかけてきた。里崎は、華やかに輝く黄色い花々にエネルギーをもらうと、軽く微笑み、気持ちを新たに家庭訪問に向かった。

＊＊＊

本庁の各課室も異動表が配られると一気にざわつき始めていた。自分の名前が載っているのか載っていないのか。望んだ人事だったのか、望まない人事だったのか。さまざまな思いが室内を錯綜《さくそう》している。

田丸は、異動表の中に自分の名前を確認すると、満足げな表情を浮かべながら課長の机に歩み寄った。

「課長、ありがとうございます。希望を叶えてくださって」

「何が希望を叶えてくださってだ。言い出したら聞かないからどうしようもないじゃないか。お前に抜けられると、うちとしては大損失なんだぞ。断腸の思いで児相に出したんだからな。しっかりやらんと承知しないぞ」

「はい。無理を言って申し訳ありませんでした。全力で頑張ってきます」

田丸は課長に一礼をすると、席に戻り、後任への引継書を作り始めた。

福祉専門職の田丸にとって、ほとんどが事務屋の児童家庭課は違和感のある場所だった。

特に、児童相談所の主管課である児童家庭課においてさえ、現場の実情がほとんど理解されていないことは大きな驚きだった。危機感を覚えた田丸は、決して諦《あきら》めることなく、現場の状況を一つひとつ周囲に説明しながら、事業の内容や予算の配分の適正化に努めた。また、国への補助金交付申請や市町村への補助金交付決定事務や、議会で質問が出た際の答弁書作りといった不定期な事務もこなし、秋口からは財務課の予算担当を相手に予算確保のための交渉を繰り広げた。

こうした、事務屋が一年を通して日常的にこなしている仕事は、大量の資料作りと、会議の繰り返しで構成されている。田丸は、そうした事務屋の仕事もそつなくこなし、周囲からの信頼も厚かったが、なぜか充実感は得られずにいた。

特に里崎が中央子ども家庭センターに異動となり、彼からさまざまな相談を受けるようになってからは、自分が命を燃やす場所はここじゃないと感じることが多くなった。田丸の児童相談所への思いは募る一方で、事あるごとに課長に児童相談所への異動を訴え続けるようになった。そして、ついに今日、異動表に自分の名前を載せることができた。

眠っていた熱いものが胸に込み上げてくるのが感じられた。二年ぶりの現場か……。やっと戻れるんだ。

この二年でずいぶん忙しくなってるから、大変だろうな……まあ、ビシビシ鍛えてやらないといけない奴が一人いるから、気合い入れていくか。田丸は軽く笑みを浮かべると大きく深呼吸をした。

相棒

里崎は、朝から珍しく姿見の前に立っていた。ネクタイをしっかりと締め、ジャケットに袖を通すと襟《えり》に手をやり服装を整えた。

「今日から一緒か」

里崎は鏡に映る自分の姿を見ながら、息を吐くように静かに呟《つぶや》くと、玄関のドアを開けた。透き通った春の光と暖かく澄んだ風が差し込んできた。土手の桜の大木は、まだ三分咲きといったところだ。一年前、少し不安混じりの心を抱えながら同じ景色を見たことが思い出され、どこか感慨《かんがい》深いものがあった。里崎は朝日に照らされる桜を見上げながら、ゆっくりと車に向かった。

事務所について、見慣れた暗い階段を上り始めると、なぜか心がドキドキしてくるのを感じた。事務所の景色や雰囲気《ふんいき》がいつもと違って見えるような気がした。

階段を上り切ると、入り口のガラス越しに、思いもよらぬ光景が里崎の目に飛び込んできた。

緑川と後藤が見たことのないような不安げな顔つきで、長谷部課長の机のある方向を見つめていた。すると、ガラス越しに里崎の耳にも届く大きな声が響いてきた。

「どうしてですか！　納得できません！」

聞き覚えのある声だった。里崎は急いで入り口に向かい、そっとドアを開けた。緑川と、後藤は一瞬里崎に目をやったが、すぐに目線を元に戻した。

「何で、私が児童心理司なんですか！　ワーカーをやらせてください！」

「駄目《だめ》よ。あなたには児童心理司をやってもらいます」

田丸が長谷部課長に激しく詰め寄っている姿が見えた。

「どうしたの？」

里崎が小声で緑川に尋ねると、緑川は泣きそうな顔で里崎を見たが、すぐに田丸の背中を食い入るように見つめた。里崎は、仕方なく暫《しばら》く黙って事の成り行きを見守ることにした。

「私はワーカーがしたくて戻ってきたんです。課長だってそれはわかってるはずです！」

「もちろんわかってるわよ。でもあなたは福祉職でしょ。これから児相を背負ってもらわないといけない人よ。ワーカーだけやってりゃいいってわけにはいかないでしょ。検査にも熟練して視野を広げなさい」

「だったら、来年から心理司やりますから、今年はワーカーをやらせてください」

「駄目！　あなたは判定係に配属されたの。これはもう決まったことよ」

「そんなあ……」

田丸は唇《くちびる》をキッと嚙《か》みしめて判定係の席に着いた。机の上で田丸の拳《こぶし》は強く握られていた。全身から悔しさが陽炎《かげろう》のように立ち上っているかのようだった。

里崎は田丸に近づくと、静かに話しかけた。

「大切なことなんじゃないのかな。仕事の幅を広げるのは。その方が……」

「うるさいわね。あんたに何がわかるのよ」

里崎の言葉を遮《さえぎ》るように田丸は苛立《いらだ》ちを纏《まと》った低い声を残して、事務所を出ていった。

「まったく！　里崎さんに何がわかるんですか！」

「そうですぅ〜、何がわかるんですか〜」

緑川と後藤も間髪《かんはつ》容れずに里崎に言い放つと、田丸の後を追った。

「何だよ、どいつもこいつも！」

里崎は憤然《ふんぜん》たる面持《おもも》ちで勢いよく言葉を吐き出した。

長谷部が苦笑いを浮かべながら里崎に歩み寄った。

「ごめんね、里崎さん、八つ当たりされちゃったわね」

「課長、田丸に児童心理司をやらせるんですか？　ワーカーの方が向いてるんじゃ……」

「そうかもしれないけど、彼女は福祉職だからね。どっちもスペシャリストになってもらわないと。両方やって見えてくるものもたくさんあるはずよ。彼女には里崎さんの担当地区をお願いしたから、仲良くやってね」

「え！　田丸とチーム組むんですか！」

「ええ。今年度からは彼女が里崎さんの相棒だから。しっかりね」

長谷部課長は、里崎にとっては非常に重要なことを、驚くほどあっさりと伝えると、何事もなかったかのように席へと戻っていった。

「田丸が俺の相棒か……何か、ヤバそうな気がする」

　里崎は一抹《いちまつ》の不安を覚えながらゆっくりと自分の席に向かった。

　二、三分すると、田丸が緑川と後藤を従えて事務所に戻ってきた。里崎は田丸と顔を合わさぬようパソコンの画面をじっと見つめていたが、足音が自分に向かって近づいてくるのは感じていた。

「さっきはごめん。感情が高ぶっちゃって」

　田丸がばつの悪そうな表情で里崎を見下ろして言った。里崎はゆっくりと田丸の顔を見上げると、暫《しばら》く黙ってその顔を見つめていた。

「何よ……何で黙ってるのよ」

「別に……お前が素直に謝ることもあるんだなと思って」

「失礼な……こういうのが今年の相棒かと思うと、憂鬱《ゆううつ》だわ」

　田丸は、右の目だけを少し細めながら、気だるそうな低い声で不満を奏《かな》でた。

「こっちのセリフだよ！」

「ふん、嬉《うれ》しいくせに。馬～鹿。ともかく一年間よろしくね」

　田丸の表情には、悔しさに代わって、闘志が浮かんでいた。さすがに切り替えが早いな。里崎は心の中で敬意を込めてそう呟《つぶや》いた。

　田丸は席に戻るとＷＩＳＣ－Ⅳ《ウィスクフォー》の検査用紙を引き出しから取り出し、勉強を始めた。里崎はそんな田丸の様子を暫く見つめていた。あの静御前《しずかごぜん》が今年の俺の相棒か……。余程気合いを入れないといかんな。里崎は頼もしい相棒を見つめながら大きく深呼吸をした。

新年度は、小さな波乱含みで幕を開けた。

幽霊

翌朝、里崎が事務所のドアを開くと、何事もなかったかのように机に向かう田丸の顔が見えた。その表情はスイッチの切り替えが完全に完了したことを語っていた。里崎はコーヒーを二杯入れると、一つを田丸の机に運んだ。

「何よ？　言っときますけど、落ち込んでなんかいませんから」

「わかってるよ。お前は俺のすることには常に苛立《いらだ》ちを覚えるのか？」

「別に……。柄にもないことするからよ」

「失敬な！　俺は気配りの聡ちゃんと言われてるんだぞ！」

緑川が眉を八の字にしながら呆《あき》れ顔で会話に割り込んできた。

「どこが気配りの聡ちゃんなんですか、目障りの聡ちゃんの間違いでしょ！」

「きゃはははは。緑川さん、里崎さんがかわいそうですぅ～。せめて、木偶《でく》の坊《ぼう》の聡ちゃんぐらいにしてあげてくださいよ～」

緑川の言葉に間髪《かんはつ》容《い》れず、後藤が反応した。

里崎は、昨年度よりも敵の攻撃力が格段に上がっているのを感じた。しかも、今年度は優秀な司令官も赴任《ふにん》してきている。統制のとれた攻撃がなされるのは火を見るより明らかだった。厄介だな……。里崎はヘラヘラと笑っている後藤の顔を見ながら心底そう思った。

「田丸、近いうちに所管地域の学校を回ろうと思うんだけど、都合はどうだ?」

里崎は三人がかりの攻撃が長引く前に、話を仕事に向けた。

「そうね、早い方がいいんでしょうけど、来週にしない? まだ、春休み中でしょ。折角《せっかく》行くんだから、子どもの様子も見れる方がいいでしょ」

「それもそうだな。じゃあ、来週にするか。家庭復帰している虐待ケースを見守ってくれている学校を中心に回ろうと思ってるんだ。ケースファイルにザッと目を通しておいてくれるか?」

「了解。ケースファイルを私の机に置いといてくれるかな」

「わかった。後でまとめておくよ。よろしく頼む」

田丸は微笑みながら黙って頷《うなず》いた。


一週間後、二人は朝から学校訪問に向かった。里崎は最初の訪問先である青山小学校へ車を走らせた。

校門の両脇には、新入生を迎え入れたばかりの立派な桜が春の喜びを全身で表すかのように花を満開にさせていた。勢いよく伸びた枝々は、校門の上で重なり合い美しく、華やかなピンクのアーチを創り出していた。

「綺麗《きれい》だなあ……」

田丸がうっとりとした様子で桜のアーチを見上げながら言った。

田丸の言葉につられて、里崎も桜のアーチを見上げていると、「グリーンスリーブス」を合唱する子どもたちの軽やかな歌声が風に乗り、花々を揺《ゆ》らしながら舞い降りてきた。野を越え山を越え人々に幸せを届けるかわいい天使たちの様子を歌声は綴《つづ》っていた。里崎はそのかわいい天使たちの姿を、右へ左へと舞い踊る、愛らしい桜の花びらの中に見出していた。

うららかな春の一日だった。

こんなに平和そうな学校も虐待ケースの見守りを担っているのだと思うと、里崎は少し気が重くなった。

里崎が門柱に据《す》え付けられたインターホンを押すと、教頭が応答し、正門脇にある勝手口の鍵を開けてくれた。里崎は慣れた足取りで校長室へと向かった。

校長室に向かう廊下からは校庭が見えた。低学年と思える児童が赤白帽をかぶって元気にサッカーを楽しんでいる。子どもたちが広い校庭を所狭《ところせま》しと走り回る姿は、とても和《なご》やかな風景だった。

「こんにちは。失礼します」

「こんにちは、里崎さん。相変わらずお忙しいですか？」

「ええ、相変わらずです。校長先生はお元気そうで何よりです」

「里崎さんも、お元気そうで。一緒においでいただいたのが、田丸さんですね」

「はじめまして、田丸と申します。よろしくお願いいたします」

「こちらこそ、よろしくお願いいたします。校長の甲斐と申します。うちは児相さんには本当にお世話になってるんですよ。田丸さんにもいろいろご面倒をおかけするかもしれませんが、よろしくお願いします」

「実は、田丸と僕は同期入庁なんですよ。もっとも彼女は僕と違って、福祉専門職として採用されてますから、児相の仕事については僕よりずっと詳しいんですけどね」

「それは頼もしいですね」

「私なんてまだまだひよっこですから」

「ご謙遜《けんそん》を。里崎さんの様子を見てればあなたがどれほどすごい人かはよくわかります。それにその目。誠実さと意志の強さが漲《みなぎ》ったいい目をしてらっしゃる」

「ははは……。確かに、意志の強さは半端じゃないですよ！　もう、恐ろしいほどです」

「もう、余計なこと言ってないで、話を進めなさい！」

「まあ、こんな感じなんです。では、本題に入りますけど、各ケースの経過はどうですか？」

「いいですよ。ほんとにいいです。どのケースもケアネットがちゃんと機能してますから。担任や、民生委員、主任児童委員や、市役所職員の家庭訪問もちゃんと受け入れてくれています」

「それは何よりです」

「個別に言いますと、綾香ちゃんは毎日登校してますし、以前のように不衛生な感じは全くないですよ。お風呂にも入ってるようで、臭いが気になるようなことはなくなりましたね。担任が家庭訪問した際もいつも部屋はそこそこ綺麗《きれい》にしているようです」

「嬉《うれ》しいな」里崎は素直な笑顔を見せた。

「生活保護をかけてもらえたおかげで、経済的に安定しましたから、お母さんの鬱《うつ》もかなり良くなったみたいです。最近はアルバイトでガソリンスタンドで働くようになって就労意欲も出てきてますから、ネグレクトに逆戻りする可能性は少ないと思います」

「そうらしいですね。あのお母さんがバイトできるなんて、想像もできませんでしたよ」と里崎は嬉しそうに笑った。

「裕也君も家庭復帰してからこれまで、一度も痣《あざ》を作ってくることはありませんし、本人の表情も明るくなりましたね。敵対的だったお母さんも学校の話をよく聞いてくれるようになりましたし、お母さんの方から担任にいろいろ相談してくれるようになりましたね。どちらのお母さんもよく頑張ってると思いますよ」

「そうですか。うちへもよく相談してくれてますよ。子育てでも仕事でも、気になることがあると、すぐに電話をくれるようになりました。裕也君のお母さんは、ストレスで叩《たた》きそうになると必ず電話をくれるんです。それで上手くガス抜きができるようになりましたよね。ずいぶん成長したなあって思いますよ」

「ほんとにそうですね。裕也君を職権で一時保護した後に、お母さんが鬼のような形相《ぎょうそう》で学校に乗り込んできたのが、今じゃあ懐かしい思い出ですよ」

「確かに怖かったですね。僕も面接室で二時間以上怒鳴りつけられましたから」

「綾香ちゃんの家も、裕也君の家も結局のところ社会と切り離されてしまって、孤立し、苦しんでいたんでしょうね。切れた糸を里崎さんが丁寧《ていねい》に繋《つな》いでくれた。家庭引き取りを提案されたときは、正直不安でしたよ。何かあったらどうしようってね」

「どのケースも家庭復帰は本当に心配しますよ」

「でも、里崎さんがたくさんの関係機関による個別ケース検討会議を開いて、ケアネットを構築していく様子を見せていただいたので、本当に勉強になりました。孤立して苦しんでいた家族を地域社会が協力して支えていくことが、子どもたちに普通の生活を取り戻すために如何《いか》に大切なことなのかを教えてもらいましたよ」

校長が里崎を深く信頼している様子が窺《うかが》えた。

「そんな、教えるなんて。児相はほんの少し段取りをするだけですよ。地域社会の援助がなければ、僕たち児相の仕事は成立しませんから」

「関わる家庭ごとに一番適した関係機関によるケアネットを構築するわけでしょ。調整だけでも大変ですよ。以前、里崎さんが言ってましたね。児相のケースワーカーは何があっても関係機関と揉《も》めないんだって」

「ええ、それは鉄則です。感情的になって関係機関と喧嘩《けんか》をしたら、それだけ子どもと家庭を見守る機関が減ってしまうことになりますから」

「児相の仕事は人間力を試されるような仕事なんだとつくづく感心させられましたよ」

「要するに児相は、関係機関や地域とチームを組まないと、本当にお手上げってことです」

「まあ、あなたのそういう人柄が地域に良いチームを作らせる理由なんでしょうね」

田丸は、里崎と校長の信頼関係を見て、里崎がこの一年でずいぶんと成長したのだと感じていた。

虐待対応の中心は、子どもを一時保護することではない。もちろん、子どもの命を救うために一時保護が極めて重要であることは言うまでもない。しかし、子どもたちの将来を考えるとき、本当に大切な仕事は何なのか?

保護して、施設に入所してもらうことなのか。乳児院や児童養護施設での生活には多くの制約があり、限界がある。子どもたちに今より明るい将来を感じてもらうためには、難しくとも、可能性がある限り家庭復帰を試み、子どもと家族を地域社会に帰し、少しでも普通の生活を取り戻してもらう。それこそ、児童相談所が全力で取り組むべきことだ。

社会とはぐれ、苦しんでいた家庭を社会と繋《つな》ぎ、地域社会もそうした家庭の苦しみを理解して支える。そんなチームを地域社会に作っていくことこそ、児童相談所の虐待対応の真髄《しんずい》なのだ。

里崎は、田丸が思っていた以上にそのことをよく理解しているようだった。思ったより頑張ってんじゃん。田丸は笑みを浮かべながら、黙って里崎の横顔を見つめた。

感慨《かんがい》深げに見守る田丸をよそに、里崎は校長と話を続け、各ケースの現状について一通りの情報交換を終えた。

「ありがとうございました。経過観察については、引き続きよろしくお願いします」

「わかりました。もし、何かあればすぐに連絡するようにします」

「ほかに何か気になることはありますか？　些細《ささい》なことでもいいんですが」

「ん～そうですねえ～。まあ、ほんとにどうでもいいような話なんですが、ここ三週間ほど妙《みょう》な噂《うわさ》が流行《はや》ってましてね」

「妙な噂ですか？」

「ええ。里崎さんもご存じのとおり、最近は子どもたちも夜遅くまで塾通いをするでしょ。そういう子どもたちの何人かが、幽霊を見たという噂がありましてね。季節外れなんですが、子どもたちが如何《いか》にも好きそうな怖い話なんで、校内ではかなり噂になってるんですよ」

それまで黙っていた田丸が急に口を開いた。

「幽霊が出る場所はバラバラですか？　それともどこかに限定されてるんでしょうか？」

「場所は決まってるんですよ。ほら、柳町の武道場があるでしょ。あの隣に小さな公園があるのご存じですか？　あそこなんですよ」

「ああ、ありますね。とても小さな公園で、ブランコとジャングルジムぐらいしかなかったんじゃないかな」

田丸はしっかりと場所を把握している様子だった。

「そうなんですよ。あの公園近くを夜中に通りがかった子どもたちが、ブランコに乗ってる女の子の幽霊を見たって言うんです。真っ白な顔をしていて、服には血がべっとりと付いていたって言うもんですから、あっという間に噂《うわさ》が広がって。子どもの想像力は逞《たくま》しいですから、今じゃあ相当尾ひれが付いてると思いますがね」

「そうですか。あの公園で夜中に女の子の幽霊が……。時間は何時頃なんでしょう？」

「見たという子は、みんな十一時を過ぎていたと言ってますから、かなり遅い時間ですね。まあ、何を見間違ったのかわかりませんが」

「十一時過ぎか……。幽霊は女の子だけですか？　母親の幽霊とかは？」

「ははは。子どもだけですよ。親子の幽霊を見たという話は、今のところ聞いてませんね。もっとも、今の勢いじゃあ、いつ、幽霊家族になるかわかりませんがね」

「ははは……、まったくだ」

里崎は、子どもが好きそうな馬鹿な話だといった風に笑いながら言った。しかし、田丸はまじめな顔でさらに質問を続けるのだった。

「幽霊と話したり、声を聞いた子はいませんよね」

「さすがに怖くてそれはできなかったみたいですよ。田丸さんはずいぶん幽霊に興味があるんですね」

「いや、そういうわけじゃないんですが……。何でも気になる性格で……」

里崎は少し呆《あき》れた様子で話に割って入った。

「もういいだろ、田丸。校長先生、長時間お邪魔《じゃま》しました。そろそろ失礼しますが、何かありましたらいつでも連絡してください。緊急の場合は、誰にでもいいですから。よろしくお願いします」

「わかりました。じゃあ、里崎さん、田丸さん、今後ともよろしくお願いします」

「こちらこそよろしくお願いします」

校長は大切な友人にそうするように二人を玄関まで送ってくれた。

「なあ、田丸。お前もしかして幽霊信じてるのか?」

里崎が少し茶化すような口調で田丸に尋ねた。

「全く信じてない」

「じゃあ、どうしてあんなつまんない幽霊話に食いついたんだよ」

「信じてないから、食いついたのよ。子どもたちに見えるってことは実体が存在するからでしょ」

「じゃあ、本当に幽霊を見たってことか？」

「里崎君、ときどきすごく馬鹿になるのね。そうじゃなくて、実際に女の子が公園にいたってことよ」

「どこの子どもが夜中の十一時過ぎに公園で遊ぶんだよ。風に飛ばされたレジ袋でも見たんだろ」

「夜中に何度も偶然レジ袋が飛んでたの？　どうにも気になるのよね」

「……」

二人は、青山小学校の後、さらにもう一校小学校を訪問し、昼食後に中学校二校と小学校一校を訪問した。いずれの学校でも数件の虐待ケースが家庭引き取り後の経過観察状態にあり、二人はそうしたケースについて情報交換を行った。最後の小学校訪問を終えた頃には、夕方四時を過ぎていた。

「お疲れさん。初対面の人も多かったし、ずいぶん、疲れたんじゃないか？」

「確かに、思った以上に疲れたわね。でも、どのケースもしっかりとケアネットが構築されていて感心しちゃった。虐待対応の肝は如何《いか》にしっかりと機能するケアネットを作れるかにあるからね」

「褒《ほ》めてるのか？　記録をとりながらもよく観察してるんだな」

「まあね。お手並み拝見ってとこだったけど、意外にも頑張ってることがわかって驚いたわ。やっぱり、指導者が素晴らしいと、少々使えない男でも成長するのね」

「その指導者っていうのは、お前のことか？」

「ほかに誰がいるのよ」

「嫌な女だねえ～」

「いい女の間違いでしょ！」

田丸との会話を楽しんでいた里崎の表情が少し硬くなった。

「ただ、最近の虐待通告の急増で、児相は沸騰《ふっとう》状態だ。以前のようにケアネットの構築に十分な時間をかけられなくなってきているんだよ。本来は児相が中心になってケアネットを作るのが基本なんだが、要対協（要保護児童対策地域協議会）を活用して、市町村にネット構築のマネージメントをお願いすることも増えているのが現状だ。そのことが児相のワーカーの大きなストレスの一つになってる」

「児相は本来福祉の専門機関だもんね。クライアントと一緒に悩みながら少しでも現状よりいい道を探したり築いたりしていくことこそ児相の仕事の醍醐味《だいごみ》だもの。ワーカーも本当はそういう仕事を全力でやりたいと思ってる。でも、現状は違うってことね……」

「忙しすぎるんだよ……」

里崎が力なく言った。

「虐待通告に追われ、一つひとつのケースに関わることができる時間はどんどん少なくなってきてる。このジレンマに多くのワーカーが苦しんでるわけね。虐待家庭の再統合をきっちり時間をかけてやっていきたいのに、止むことのない虐待通告がそれを許さない。虐待家庭への支援を虐待通告が許さないか……。何だか皮肉な話よね」

「立ち入り調査を含めて、虐待の初期対応は警察が行って、児童を保護した後の支援を児相が担当するようになればもう少しきっちり支援ができると思うんだけど」

里崎は叶うことのない希望を語るように静かに言葉を吐《は》いた。それはため息にも似ていた。

「立ち入り調査や職権の一時保護をやって親と対立した人間が、今度は家庭の再統合を手伝わせてくださいっていうこと自体、常識で考えれば無理があるわよね」

「警察も次から次へと仕事を増やされたら堪《たま》らないんだろうけど。素人の俺たちが防刃《ぼうじん》チョッキをつけて立ち入り調査するよりは、ずっと理にかなってると思うんだよね……」

「確かに。私たち、ただの公務員だものね。正直、立ち入り調査に行くのはかなり怖いよね。そのあたりの役割分担はできた方がいいのかもしれないけど……。でも何かちょっと寂《さび》しい気がするな、私は……。苦しくて辛い場面から全部関わりたいのよね……」

「お前は心底福祉職だな。尊敬するよ」

「あんたもほとんど同類よ。気づいてないようだけど」

「俺なんて、まだまだだよ」

「確かに、まだまだだけどね。ふふふ……」

里崎は、にこやかに話す田丸の表情をちらりと眺《なが》めながら、これほど大変な仕事に情熱的に向き合っている田丸たち福祉職の信念の強さに尊敬の念を抱いていた。

命の糸

事務所に戻ると、里崎の机にも、田丸の机にもたくさんのメモが貼り付けられていた。まるで、インディアンの酋長《しゅうちょう》が頭に付けた羽飾りのようだった。田丸は疲れたそぶりも見せずに、メモに書かれた電話番号に次々と電話をかけていった。里崎は、どっぷり疲れていて、コーヒー一杯ぐらいは飲みたいところだったが、田丸の様子を見て、同様に電話をかけ始めた。里崎が電話で話していると、目の前に白く美しい手がすっと伸びてきて新たなメモを貼り付けた。メモには「虐待通告あり。詳細は西村まで」と綺麗《きれい》な文字で書かれていた。里崎は電話を済ませると、早速、児童心理司の西村の机に向かった。

「西村さん、虐待通告ってどんな内容?」

「それがはっきりしなくて……。深夜に子どもの泣き声を何度か聞いたから虐待じゃないかって……。ただ、通告者もはっきりした場所はわからないみたいで、残業からの帰り道に何度か泣き声を聞いたっていうだけなんですよね」

「それじゃあ、調べようもないな。いい加減な通告だな」

不満げな里崎をよそに、田丸が西村に質問した。

「西村さん、ほかに何か情報は？　いくつぐらいの子どもだとか、男の子っぽいとか女の子っぽいとか」

「それもはっきりしません。小学生ぐらいの子どもとしか」

「場所はどのあたり？」

里崎が少し困惑した表情で田丸に話しかけた。

「ちょっと待てよ、田丸。そんなこと聞いても、はっきりした場所すらわからないんじゃ調べようがないじゃないか」

「ある程度の場所が絞り込めれば、ともかく現場付近に行って状況を確認するべきよ。周辺を歩き回れば何かわかるかもしれないでしょ」

「でも、こんないい加減な通告にいちいち反応してたら身が持たないだろ」

「いちいち反応するの！　場所は？」

「木挽《こびき》町です。県道を北に行くと青木の交差点がありますよね、コンビニがある。そこを右に入ったら、二つ目の信号を左に入ると細い路地が続いてるらしいんですが、右側にたばこ屋があって、その辺りで聞こえたってことです。夜中の十二時前後でずいぶん遅い時間だから気になったようで……。これ、付近の地図のコピーです」

「さすが、西村さん、気が利《き》く。木挽町か……。行こうか、里崎君」

「え？　今から？　今帰ってきたとこだぜ。それにすぐに暗くなるよ、おい、ちょっと。マジかよ、まったく」

「里崎君、急いで！　暗くなる前に周囲の様子を見ておきたいから」

「明日でもいいじゃないか。どうして、今から。それにお前ワーカーじゃないだろ」

「つべこべ言わない！　一日違いで後悔するのは嫌でしょ！　さあ、早く乗って！」

里崎は、こうなると田丸を止めることはできないと観念して、仕方なく車に乗り込んだ。

「なあ、田丸。あの程度の情報じゃあ、さすがに何もわからないじゃないか。調査しても無駄《むだ》じゃないのか？」

「もらった通告がいい加減だったり、たちの悪いいたずらの場合もある。だけど、どの通告が深刻で、どの通告が深刻じゃあないかなんて、後にならなきゃわからないでしょ」

「しかし、いくらなんでもこんな適当な通告まで……」

田丸は真剣な眼差《まなざ》しで里崎を見つめて言った。

「取るに足らないように思える通告が実は深刻な虐待に繋《つな》がってる場合があるのよ。虐待通告は、神様がワーカーに投げた命の糸よ。世の中からはぐれてしまったケースに気づいてくれと届けられた命の糸なのよ。それを大切に手繰《たぐ》っていくのが児相のワーカーの仕事でしょ」

「命の糸……」

「しっかりアンテナを張って慎重に探せば、糸は徐々にはっきりと見えてくる。糸が見えるかどうかはワーカー次第よ。必死で見ようとしないと見えないわよ。それにしても暗くなるのが早いな。周囲の細かな雰囲気《ふんいき》まで摑《つか》むのは難しそうね」

五時前に二人は現場付近に到着した。日は山際に近づき、周囲は茜《あかね》色に染まりつつあった。

田丸は通告にあったたばこ屋を見つけるとその周辺を猟犬のように歩き回った。数件の古い木造の集合住宅が気になるのか立ち止まっては電気のメーターなどをチェックしていた。

「泣き声なんて聞こえないな。なあ、田丸、やっぱり虐待とか関係ないんじゃないのか？」

「……」

田丸は黙々と辺りの様子を探っていた。

「おい、聞いてるのか？」

「よし。だいたいこんなとこかな。いったん事務所に帰りましょ」

「え？　もう帰るのか。でも、いったんってどういうことだよ？」

「里崎君、今日は忙しい？　夜中にもう一度来ようと思うんだけど。忙しかったら私だけで来るから」

「夜中に来るって……。俺の担当地区のケースなんだから、来るのはやぶさかじゃないよ。ただ、その必要があるのか？　無駄《むだ》じゃないのか？」

「無駄かもしれないけど、どうにも気になるのよ」

「何が気になるんだよ！」

「まあ、道々話すわよ。乗って」

田丸は車を運転しながら静かに話し始めた。

「里崎君、西村さんがくれた地図見た？」

「見たよ、もちろん」

「ちゃんと見た？」

「だから見たって言ってるだろ！」

「じゃあ、気づかない？　木挽《こびき》町と柳町が隣接してるってこと」

「確かに隣接してるよ。そんなの行政区画が変わらない限りはずっと隣接してるだろ。それがどうしたんだよ？」

田丸は里崎が持っていた地図の一点を指さした。里崎はその指先を見てハッとした。

「市立武道館……。あっ！　これは青山小学校で聞いた幽霊が出る公園の隣だ」

「そう。今回通告のあった場所は、幽霊騒動の公園に意外と近いのよ。歩いて五分ほどの距離よ」

「確かに、面白い偶然だけど、幽霊騒動と虐待通告は何の関係もないだろ？」

里崎の言葉に田丸は少し苛《いら》ついた様子で言葉を継《つ》いだ。

「あなた言ったでしょ！　夜中に公園で遊ぶ子どもなんていないって。私もそう思うわ。じゃあ、どうして子どもがそんな深夜に公園で遊ばなきゃいけないわけ？　不自然でしょ。夜中に遊ばなきゃいけない理由があるはずなのよ」

「夜中に公園で遊ぶ理由？」

「昼間にほかの子どもと一緒に遊べない理由。要するに普通の家庭とは違う状況で生活することを強《し》いられている女の子がこの周辺にいるってことじゃない。虐待通告と、幽霊騒動。関係ないと思う？」

「そう言われると逆に関係ないと考える方が不自然かも……。お前、すごいな。いつ気づいたんだ」

「西村さんから、場所が木挽町《こびき》って聞いたときに場所によっては関係あるかもって思ったのよ」

「地図を見たら意外に近かった。だからすぐに現場周辺の状況を確かめたかったってことか」

「そういうこと。暗くなってからだと町の状況が摑《つか》みにくくなるから」

里崎は改めて田丸の洞察力に感心させられていた。

「それで、これからどうするんだ？」

「まあ、事務所に帰って、仕事をしましょ。やることはいっぱいあるんだから。十時半頃再出発ってことにしない？」

「わかった。もし、泣き声とかが聞こえたらどうするんだ」

「家が確定すれば突撃訪問する。まあ、そう上手くはいかないと思うけど」

「わ、わかった。でも、お前はワーカーじゃなくて児童心理司だろ。調査は俺がやるべきだと思うんだが……」

「乗りかかった船じゃない！　私はあなたの相棒なんだし。もし、子どもに会うようなことになったら、発達面を確認するのは私の仕事でしょ」

「まったく、強引な理由づけだなあ～。まあ、いいか」

事務所に戻ると、里崎は黙々と記録を書き続けた。先ほどまでの調査などなかったかのようにキーを打ち続けている。時折《ときおり》かかってくる電話にはその都度真摯《しんし》に応対し、電話が終わるとまたキーを打った。まるでテレビのチャンネルを切り替えるように自分の思考を切り替えながら仕事を続けた。田丸はそんな里崎の仕事ぶりを見て、事務屋のくせに、ずいぶんワーカーらしくなったものだと目を細めた。


里崎が気がつくと、時計の針はもう十時半を指していた。

「田丸、そろそろ行くか」

里崎の一言に田丸は軽く頷《うなず》くと素早く机の上を整理し始めた。田丸の表情に微妙だが緊張感が滲《にじ》んでいた。何かが起こるのか、それとも何も起こらないのか。里崎にとっても、田丸にとっても、これから先は全く予想ができない未知の世界だった。

夕方と違って交通量は少なく、思ったより早く現場付近に到着した。

里崎の心象が影響したのか、現場付近の風景は数時間前に見たそれとはかなり違うように感じられた。街灯の少ない路地裏には怪しげな闇が広がり、不意に子どもの泣き声が聞こえてきそうな気がした。

田丸は不安に揺《ゆ》れる里崎をよそに通告現場とは違う方向に黙々と進んでいった。

「おい、方向が違うんじゃないか？　どこに行くんだ、田丸」

「折角《せっかく》こんな時間に来たのよ。例の公園を見にいこうと思って」

「幽霊の公園か？」

「ええ。里崎君、怖いの？」

田丸が里崎をからかうように言った。

「馬鹿言うな！　怖いわけないだろう！」

「冗談《じょうだん》よ。あの先を左に曲がったら公園はすぐね」

「ええっと……。そ、そうだな。お前、よく地図も見ないでスタスタ歩けるな」

「虐待の現地調査をずいぶんこなしてきたでしょ。やってるうちに、地図を頭の中に貼り付けられるようになってきたのよ」

「ふ〜ん。そんなこともできるようになるんだな」

「シッ！　静かに」

田丸が不意に足を止めた。キ〜コ、キ〜コ、キ〜コ……。微《かす》かではあるが、不気味な金属音が一定のリズムを闇に刻んでいた。

「何だあの音？　ブ、ブランコ……」

「里崎君、行くわよ。走って！」

二人は猛スピードで音に向かって走った。四つ角を左に曲がると、三十メートルほど先に公園が見えた。低い生垣《いけがき》から見え隠れするブランコの上には小さな白い影が揺れている。輪郭はおぼろげだか幼い女の子のように見えた。

「で、出た！　幽霊だ！」

里崎がそう叫んだ次の瞬間、現れたブランコには誰も乗ってはいなかった。

「消えた！　ほんとに幽霊だったのか？」

「馬鹿！　そんなわけないでしょ。里崎君の声が聞こえたからブランコから下りて逃げたのよ。急いで、見失うわよ！」

二人が公園に着くとブランコが寂《さび》しそうに揺れていた。

「あそこよ」

前方に小さな白い影が見えた。闇の中に微かに浮かぶ白い影は本当に幽霊のようだった。次の瞬間、白い影が闇に溶けた。

「き、消えた！　消えたぞ……」

「ここからじゃわからないけど、あの先に四つ角があるのよ。そこで曲がったから姿が見えなくなったんだと思う。問題はどっちに曲がったかね。急いで里崎君！」

二人は問題の四つ角へと急いだ。

「ここか。でもどっちに行ったんだ？　足音も聞こえない」

「わからないわ。別れましょう。私は左に行く。里崎君は右に行って！」

「わかった！」

二人は暗く細い路地を全速力で走った。しかし白い女の子を見つけることはできなかった。女の子は忽然《こつぜん》と姿を消してしまった。

「影も形もないなあ。こっちじゃなかったようだな」

里崎は今来た道を急いで戻り、田丸の後を追った。前方に周辺の様子を探る田丸の姿が見えた。そこは、夕方、二人が調査に来た辺りだった。里崎は通告現場と公園がとても近いことを実感した。

「田丸、どうだった？　何か収穫は？」

「駄目《だめ》。全く手掛かりなし。そっちは？」

「こっちも同じ。手掛かりなしだ。この辺りのどこかだと思うんだが、物音はおろか気配もしない。もう少し周辺を歩いてみよう。泣き声が聞こえるかもしれない。それにしてもこれほど忽然《こつぜん》と消えるものだろうか？　何か気味が悪いな」

「それだけよく訓練されているってことよ。人の気配が少しでもしたらすぐに家に戻るようしっかり訓練されているんでしょうね」

「訓練？　どうして？　何のために？」

「ともかく幽霊じゃあない。あれは女の子よ。こんな時間に暗い公園で一人ブランコに乗っている小さな子どもがこの辺りで息を潜《ひそ》めて生きているってこと。社会から切り離されて……。早く探さないと」

里崎はとても不安になった。自分が見たものが幽霊であればどれだけいいだろうと思った。だが、状況は田丸の言うとおり、どう考えても普通ではない。幼い子どもが夜中の十一時頃に一人で公園で遊ばなければならない理由とは何なのだろうか？　里崎には想像もできなかったが、普通の家庭生活を送っていないことだけは確かな気がした。何かとんでもないことが起こってしまうのではないかという漠然《ばくぜん》とした強い不安が里崎を包んでいた。

「なあ、田丸。大丈夫だろうか？」

「え？　あの子のこと？」

「うん。大丈夫だよな……。まさか、死んでしまったり」

「縁起でもないこと言わないでよ！　言霊《ことだま》って言うでしょ。私たちの仕事はいつも最悪の結果と隣合わせよ。不安に押し潰《つぶ》されそうになることもあるけど、不安に打ち勝つには必死で調査して命の糸を見つけ出すしかないのよ」

「見つけられなかったら……」

「気持ちはわかるけど、今日はもう帰りましょう。これ以上はどうしようもないわ。明日の朝から関係機関に調査を掛けて、場所を特定できるように頑張ろう。ね……」

里崎は今すぐ手当たり次第に周辺の家庭のドアというドアを叩《たた》いて中の様子を確かめたい気持ちだった。だが、そんなことが許されるはずもない。仕方なく里崎は車に乗った。事務所に着くまでの間、里崎の脳裏《のうり》にはあの白い小さな影が何度も飛来《ひらい》しては消えた。消えたあの子はどんな家で生活をしているのだろう。さまざまな想像が頭に浮かんできた。

里崎の不安を察した田丸が、帰り際、里崎に声をかけた。

「里崎君、今日はゆっくり寝るのよ。明日からバタバタするかもしれないからゆっくり寝て体力を養っておいた方がいいわ」

「わかった。そうするよ。お疲れ様」

わかったとしか返事のしようがなかった。だが、とても眠れるようには思えなかった。ブランコの白い影が何度も頭をよぎった。川面を流されるとても小さな笹船のように、何一つ自分の思いどおりにはコントロールできない状況に無力感が募った。

里崎は、自宅に戻ってシャワーを浴びると、すぐにベッドに潜り込んだ。窓から見上げる夜空には無数の星が輝いていた。とても静かな夜だった。秒針の進む音だけが部屋に響いていた。

子どもを守る仕事。子どもを守る仕事……。子どもは親を選べない。子どもは親を選べない……。たくさんの小さな命が目の前で助けを必要としている。前を向いて進むほかに何がある。里崎はベッドの中で拳《こぶし》を強く、強く握りしめた。長い時間が流れた。

東の空がぼんやりと白み始めている。

「必ず命の糸を見つけてやる」

里崎は静かに闘志を燃やした。

捜せ！

翌日、事務所につくと里崎はすぐに三和市役所の子ども家庭係に電話をかけた。

「お世話になります。中央子ども家庭センターの里崎と申します。子ども家庭係の森本さんをお願いします」

「もしもし、森本です。里崎さん、今日は何？　虐待？」

「察しがいいね。今から言う住所に、ここ一、二か月の間に転入してきた家庭があるか調べてほしいんだ。全部木挽《こびき》町二丁目。まず二十五番地、二十七番地、三十一番地。最後は三十六番地。集合住宅の名前とかあった方がいい？」

「それは必要ないわ。すぐに調べるから十分ちょうだい。後でこちらからかけるわ」

十分後森本から電話がかかってきた。

「駄目《だめ》ね。その住所に最近転入してきた家庭はないわ。どの住所も半年以上動いてない。周辺でほかに気になる住所があるなら調べるけど」

「いや、ありがとう。住民票の異動がないとわかっただけでも十分だよ。お願いばかりで、申し訳ないんだけど、今調べてもらった住所を担当している民生委員さんと主任児童委員さんに確認してもらえるかな。最近引っ越してきた家族がないかどうか。噂《うわさ》程度の情報でもいいから」

「了解。すぐに確認してまた連絡するわ。どうせすぐに出かけるんでしょ。携帯にかけた方がいいわよね」

「何でもお見通しだな。お願いします。手掛かりなしか……」

里崎が少しがっかりして呟《つぶや》いた。

「そうでもないじゃない。住民票が移ってないってことは、それだけ人に知られたくない事情があるってことよ。昨日通告があった虐待と私たちが見た白い幽霊はいよいよ関係がある可能性が高まったってことでしょ。さあ、もう一度現場に行こう、里崎君」

田丸は里崎を励ますように言った。

「わかった。何としてもあの子を早く見つけたいな」

二人は再び現場に向かった。

明るい陽射しの中で見ると、周辺にある集合住宅はどれも思った以上に古く、老朽化が進んでいるのがわかった。

「この辺りの集合住宅なら相当家賃は安いんだろうな。今どきあまり見ないよな、こういう集合住宅」

「そうかな。結構あるわよ。家賃は一万円するかしないかってとこかな」

その時、里崎の携帯電話が鳴った。森本からだった。

「はい、里崎です」

「もしもし、森本です。民生委員にも主任児童委員にも確認してみたけど、収獲はなし。最近引っ越してきた人についても噂も聞いたことがないって」

「そう。ずいぶん面倒かけたね。ありがとう。また、何かお願いするかもしれないけど、よろしく頼むよ」

「了解。何でも言ってよ。じゃあ」

「なかなか上手くいかないもんだな」

里崎は肩を落として言った。

田丸は、昨日から目星をつけていた集合住宅を一件ずつ慎重にチェックし始めた。室内から自分の姿が気取《けど》られないように細心の注意を払いながら。そして、ある集合住宅の一部屋の前で立ち止まった。白樺荘一〇三号室という表示があった。

「やっぱりここが一番気になるな」

「どうして、この家なんだ？　ほかの家と特に違いはないように思うが」

「ちょっと、あそこを見てよ。ここの集合住宅は玄関が引き戸になってるでしょ。空き家っぽい三軒のうちこの家の引き戸のレールだけが綺麗《きれい》なんだよね。それと、あそこも見てくれる？　引き戸の隅《すみ》の上と下。何もないでしょ。これも不自然な気がするのよね」

「どうして？」

「ちょっと、こっちに来て。こっちの部屋は多分空き家だと思う。引き戸のレールも埃《ほこり》だらけで汚いし、引き戸の隅の上下を見てよ」

「あ、クモの巣が張ってる」

「そう。クモはこういう引き戸の隅っこに好んで巣を張る習性があるのよ。一週間も戸が開閉されなければ、必ずといっていいほどこういう場所にはクモが巣を張っているものなのよ」

「なるほど。さっきの部屋のドアは最近頻繁《ひんぱん》に開閉されてるってことか！」

「もちろん家主が部屋の管理のためにドアを開けた可能性もあるから絶対とは言えないけど。でも、もし管理に来たならほかの二軒も一緒に管理するのが自然だと思うんだよね」

「確かにそうだな。ここが怪しいよ。声をかけてみるか？」

「いや、やめましょう。絶対に出てはこないだろうし、余計に警戒されるかもしれない。それよりも家主のところに行って情報をとりましょう。ここに誰か住んでいるのかいないのか。家主に聞けばはっきりするじゃない」

「よし。早速行こう！」

二人は壁に貼ってあった白樺荘の家主の電話番号に連絡し、家主宅を訪問した。

「こんにちは、佐藤さん。先ほど電話したものですが」

玄関が開き、人の良さそうな老女が顔を出した。

「はいはいどうもご苦労様です。ここじゃ何ですから、まあ中へどうぞ」

「恐れ入ります。では失礼いたします」

玄関には女性用の雪駄《せった》と靴のみが脱ぎ揃《そろ》えられており、老女は一人暮らしであると想像できた。案内された応接間は小綺麗《こぎれい》で掃除が行き届いており、老女の凛《りん》とした生活ぶりが見て取れた。暫《しばら》くすると、老女が香りのいいお茶とともに現れた。

「どうか、おかまいなく。突然押しかけて申し訳ありません」

「いいえ。滅多に誰も来ませんから暇を持て余していますのよ。それで、今日は白樺荘のことでお聞きになりたいとか……」

「ええ、そうなんです。実は、あの辺りで夜中に子どもの泣き声が聞こえると、虐待を心配する通告がうちにかかってきまして。我々が調査する中で、白樺荘の一室が泣き声の聞こえてくる部屋じゃないかということになりまして」

「そうなんですか。それでどの部屋でしょう」

「この一〇三号室なんですが」

里崎は住宅地図を出し、該当する部屋をペン先で指した。

「ああ、川上さんのお部屋ですか。でも、川上さんのところはご夫婦二人だけでお子さんはいないはずなんですけどね」

「そうですか。あの部屋を借りにきたとき、川上さんはご夫婦で佐藤さんのところに来られたんですか？」

「いいえ。借りたいとうちに来てくれたときはご主人だけでしたね。家賃は半年分前払いするから、何も聞かずに貸してほしいっておっしゃって。ずいぶん思いつめた表情をしてらしたものですから、何か困ったご事情がおありなんだろうと思いましてね。あんな古い集合住宅でお役に立てるならと、黙って入居してもらうことにいたしました」

「そうだったんですか。奥さんにお会いになったことは？」

「ええ、ございます。入居が決まってからご主人と一緒に挨拶《あいさつ》に来てくださいましたから、その時に」

「川上さんご夫婦はどんな雰囲気《ふんいき》でしたか？」

「そうですねえ〜、服装などから経済的に困っていらっしゃるように思いましたね。奥さんはほとんどお話になりませんでしたから、おとなしい方なんだと思いましたが……。旦那さんも必要最小限の話しかなさらないですから、詳しくはわかりません。まあ、怖い感じはしなかったですし、家賃も半年分前金でいただけるということでしたから、入居してもらおうと思いました」

「背格好《せかっこう》はどんな感じですか？」

「ご主人はずいぶん痩《や》せている印象でしたね。でも、奥さんはなかなかふくよかで、恰幅《かっぷく》のいい感じでしたね」

「どうして、白樺荘を選んだんでしょうね？」

「ええ、それは私も気になりました。うちは、不動産屋を通したりしてませんからね。どうして白樺荘のことを知ったのか聞いてみました。何でも、奥さんのご実家があの辺りにあったそうで、土地勘があったらしいですね。それで、あの辺りを歩いていて、たまたま見つけたらしいですよ。まあ、見るからに安そうですから、ホホホホ……」

「家賃の支払いはどんな風にしてるんですか？」

「はい、先月から入ってもらってますが、最初に半年分の家賃をいただいておりますので、それ以降の家賃については、月末に翌月分をご主人が持ってきてくださるということでした。私がいただきに上がりましょうかと言ったんですが、持ってくるから、取りに来ないでほしいということでした」

「じゃあ、何か用事のあるときの連絡方法は？」

「はい。その場合は、郵便受けにメモを入れておけば、川上さんがこっちに来てくださるということです。携帯電話もお持ちじゃないそうで、ほかに連絡のしようがないらしくて」

「そうですか。あと、どんな仕事をしてるかはわかりませんよね」

「ええ、その辺りのことは、話したくないというのはわかりましたので、私もあえて聞きませんでしたのよ」

「わかりました。ありがとうございます。大変参考になりました。これ、私たちの名刺です。私が、里崎で、こっちが田丸と申します。多分またいろいろとお伺《うかが》いすることがあると思うんですが、ご協力いただけますか」

「ええ、私でお役に立つことでしたら、いつでもおっしゃってください」

「それと、今日私たちが訪問したことや、話した内容については、川上さんには決して伝えないようにしてください。佐藤さんをこのケースには巻き込まないようにしたいんです。今までどおりの家主と店子《たなこ》の関係を続けてもらうためにも、佐藤さんは何も知らなかったことにしておきたいんです」

「わかりました。お約束します」

「それから、もし、白樺荘の部屋の間取り図などがあればお借りできませんか？　必ずお返ししますので」

「少々お待ちくださいね。ずいぶん古いものですが、これが設計図です。こんな物でよろしいですか？」

「ありがとうございます。では、お借りします。今日は突然押しかけて申し訳ありませんでした。これで失礼いたします。近いうちに必ず連絡いたしますので、その時はどうぞよろしくお願いします」

二人は佐藤邸を後にして、車に向かった。

「それしても、川上ってのはずいぶん用心深い男だな。何としても、家には来させないって感じだもんな。どうしたんだ、田丸。そんなに難しい顔をして。何か気になることでもあるのか？」

「ん〜……。まあ、考え過ぎかもしれないけど、ちょっと気になることが……」

二人が話しながら歩いていると前方から作業着を着た大男が手にカゴをぶら下げて歩いてきた。どうやらその男は田丸の知り合いのようだった。

「あれは保健所の坂本君じゃないかな。やっぱりそうだ。ちょっと、坂本君！」

「おう、田丸じゃないか。久しぶりだな。何してるんだこんなところで？」

「あなたこそ何してるの？　手に持ってるカゴは何？」

「ああ、これか。うちに苦情の電話があってさ。近所の空き家で野良猫が子どもを産んだみたいだから捕獲用のカゴを貸してくれって言われたんだ。ここの自治体は捕まえた野良猫に避妊手術をしてくれるからカゴの貸し出しができるんだよ」

里崎は呑気《のんき》な話だと笑みを浮かべながら田丸の顔を見た。田丸は驚くほど厳しい顔をしていた。

「坂本君、どこ！　どこなの、その猫のいる家は！」

田丸が強い口調で坂本に問いかけた。

「何だよ、怖い顔して？」

「いいから早く案内して！　さあ、早く」

「だから、俺も猫のいる家はわからんよ！　今から苦情をくれた家に行くんだから」

「じゃあ、その家に私たちも一緒に連れていって。さあ、早く」

「まったく、何だよお前は、訳がわからんな」

「お願いよ、坂本君、急いでちょうだい」

田丸は坂本を急がせた。里崎も坂本同様訳がわからなかった。どうして突然田丸がこんなに必死になっているのか。

坂本は、訳もわからぬまま歩みを速めた。坂本の足はどんどん白樺荘へと近づいていった。そして、白樺荘の隣にある小さな一軒家の前で坂本は立ち止まった。

「山下さん、こんにちは。お電話いただいた保健所の坂本ですが」

「はいはい、今行きます」

「どうも、保健所の坂本です。それで野良猫はどこにいそうなんですか？」

「案内するよ。隣の古い集合住宅なんだよ。多分この部屋か、こっちの部屋だと思うんだけどさ。一昨日《おととい》の晩にさあ、仕事から帰ってきたときにミャ〜、ミャ〜聞こえたんだよ」

山下が三人を案内したのはまさに川上の住む部屋とその隣の部屋だった。

「この二軒のどっちかだと思うんだけどね。どうせ、床下にでも居ついてるんだろうけど、一昨日は暗くてわかんなくてさ」

坂本が通気口から床下を覗《のぞ》き込んだ。

「ちょっと、今見た限りでは猫は見当たりませんね。ともかく、カゴをお貸ししますから、キャットフードでも中に入れて仕掛けてみてください。親猫さえ捕まえられれば、仔猫は安全に捕獲できますからね。使い終わったカゴは保健所に返却してください」

「わかったよ」

田丸が会話に割って入った。

「あの、山下さん、確かに仔猫の声が聞こえたんですか？」

「ああ、確かだよ。俺は猫が大嫌いでね。すごく微《かす》かな声だったけど、聞き逃しゃしねえよ。ありゃあ、猫の鳴き声だよ。前にうちの床下に入られたことがあってさ。糞《ふん》やなんかで大変だったのさ。それ以来妙《みょう》に猫には敏感になってね。だから、ありゃあ、猫だよ。まあ、見てなよ、必ず親猫をこのカゴでとっ捕まえてやるから」

田丸はさらに質問を続けた。

「それと、最近近所に救急車が来たって話を聞いてませんか」

「いや～。近所の人からもそんな話は聞かないけどな」

その話を聞くと、田丸はいきなり走りだした。

「お、おい、待てよ！　あ、あ、どうも。ありがとうございます。相方が急用のようで、失礼します」

里崎は急いで田丸の後を追った。

「待てよ、田丸！　一体どうしたんだよ」

「事務所に戻る。急いで！　車で事情は話すから、ともかく走って」

「何だよまったく！　お前といると走ってばかりだな！」

里崎が車に乗り込んだのを確認すると、田丸はアクセルを吹かした。冷静な顔をしているものの、田丸の焦りは里崎にも伝わってきた。あの部屋の中で、何かが起こっている。田丸を焦らせる何かが。

「何を焦ってるんだ？」

「ちょっと待って。里崎君、事務所に電話してくれないかな。繋《つな》がったら電話を貸してちょうだい」

「わかった……」

「はい、中央子ども家庭センター、緑川です」

「あ、緑川さん、里崎です。ちょっと田丸が話があるそうなんで代わるよ」

「もしもし田丸です。緑川、課長以上にどこにも行かないように言っといて。緊急の受理会議をお願いしたいから。わかった⁉」

「わかりました。どうしたんですか？」

「立ち入り調査を行う必要があると判断してるケースがあるの。上は揃《そろ》ってる？」

「大丈夫です。課長以上は全員揃ってます。戻ったら、すぐに会議ができるように話しておきますね」

「お願い。二十分で戻る」

「了解。事故らないようにしてくださいね」

電話が終わるのを待ち切れない様子で里崎が田丸に尋ねた。

「さあ、説明してもらおうか。何が起こってるんだ？」

「すべての情報が良くない。夜中に一人、公園でブランコに乗ってる小さな子どもが逃げていった辺りに、住民票を移していない曰《いわ》くありげな夫婦の部屋がある。その夫婦が引っ越してきた時期は青山小学校で幽霊騒動が起こり始めたのと同じ一か月ちょっと前」

「それは、俺もわかってるさ」

「幽霊扱いされている子どもは多分川上さん夫婦の子どもだと思うけど、川上さん夫婦は家主の佐藤さんに子どもはいないと説明している」

「嘘《うそ》をつく事情があるってことだろ」

「佐藤さんの話だと経済的に困窮《こんきゅう》している様子で、旦那はすごく痩《や》せてるのに、奥さんはふっくらしていたという」

「それは、よくある話だろ」

「奥さんは当時妊娠してたんじゃないかと……。そして、さっきの仔猫の話。生まれたばかりの赤ん坊の泣き声は仔猫の泣き声にすごく似ている場合がある……」

里崎は、表情を強張《こわば》らせた。

「おぼろげながら、俺にもわかってきたよ。あの部屋には、理由はわからないが、周囲から身を隠して、子どもを学校にも通わせていない家族が住んでいる。しかも奥さんは妊娠していて最近子どもを出産した可能性があるってことか……」

「ええ。そして最近救急車が来ていないってことは、あの部屋の中で出産した可能性があるってことでしょ。だとしたら衛生状況からして、乳児は危険な状況にあるかもしれない。一刻を争う状況かもしれないのよ」

「ちょっと待てよ。病院にも行かずに、あんな集合住宅の一室で子どもを産んだっていうのか?」

「コンビニのトイレで高校生が子どもを産む場合だってあるのよ。自宅での出産なんて何の不思議もないわ」

「やばいな……」

里崎は去年のクリスマス・イブの立ち入り調査を思い出していた。あの時の背筋が寒くなる感覚が甦《よみがえ》り、手の平に嫌な汗が滲《にじ》んできた。そして頭の中で冷静に状況を整理しながら立ち入り調査の段取りを構想し始めた。落ち着け！　冷静に考えるんだ。里崎は助手席に座りながら、静かに立ち入り調査のシミュレーションを続けた。

センターに着くと、二人は事務所への階段を駆け上がった。里崎と田丸の顔を見ると、緑川はすぐに所長室へと向かった。

「所長、里崎さんたちが戻りました。お願いします」

会議机で緊急の受理会議が始まった。里崎と田丸は昨日、虐待通告を受理して以来の調査結果を手際《てぎわ》よく説明し、川上宅への立ち入り調査の必要性を訴えた。二人の説明を聞いて最初に口を開いたのは、児童相談所一筋の超ベテラン、前山次長だった。

「駄目《だめ》だな。今の状況じゃ立ち入り調査はできん」

すぐに田丸が反論した。

「なぜですか？　すぐに動かないと手遅れになるかもしれないじゃないですか！　すぐに立ち入り調査しましょう！」

「駄目だ！　確かに状況は限りなく黒に近いグレーだ。しかし、すべては想像で確証は一つもない。この状況では立ち入り調査はできん」

「しかし次長、乳児がいるかもしれないんですよ！　その場合一刻の猶予《ゆうよ》もないってことは次長が一番よくご存じじゃないですか！」

「今、田丸さんが言ったとおり、乳児がいるかもしれないのであって、乳児がいると決まっているわけじゃあない。女の子もいるかもしれないのであって、いると決まったわけじゃあない。何一つ確証がないんだぞ」

「手遅れになったらどうするんですか！」

田丸は、キッと次長を睨《にら》みつけた。しかし、次長は動じることなく落ち着いた口調で言った。

「日本は法治国家だ。どこぞの独裁国家じゃない。それぞれの家庭のプライバシーは守られるべきだし、個人の人権は守られるべきだ。立ち入り調査は、そのどちらの権利も著《いちじる》しく侵害する行為だ。かもしれないだけでやれるもんじゃないだろう」

「これまでの私たちの調査で十分じゃないですか？」

田丸は食い下がった。

「もし立ち入り調査をやってみて、子どもも乳児もいなくて、泣いてたのが乳児じゃなくて本当に仔猫だったらどうするんだ。それこそマスコミから児相の職権乱用だと叩《たた》かれるぞ。気持ちはわかるが、張り込んで確証を摑《つか》むんだ」

「そうねえ。次長の言うとおり、今の状況じゃあちょっと難しいと私も思うわ」

長谷部課長も次長の意見に賛同した。

「そんなあ、課長まで……」

唇《くちびる》を噛《か》む田丸の様子を見て、今度は里崎が次長に食ってかかった。

「田丸の言うとおり立ち入り調査をやりましょう！　まだ確証はありませんが、これほど偶然が重なるわけはないですよ。どう考えても川上宅は怪しいです。手遅れになってからでは遅いんですよ！」

その様子を黙って見ていた所長が、徐《おもむろ》に口を開いた。

「里崎さん。何かあったときは私が責任を取ります。児相の所長とはそういう仕事ですから。私たちの仕事は、ケースと繋《つな》がった細い、細い命の糸の上をバランスをとりながら慎重に渡るようなものです。判断を誤れば取り返しのつかない結果を生みますが、公務員である以上法律にも縛《しば》られます。時には矛盾に苦しみながらもプライバシーや人権に十分に配慮しながら事に当たらねばなりません。責任は私が取ります。何とか確証を掴んでください。お願いします」

「ですが、所長！」

「里崎君、行こう。次長や所長の言うとおりだわ。張り込みましょう。確証を掴みにいくの。私たちが今やるべきことをやるしかないのよ！」

田丸が里崎を諭《さと》すように言った。悔しそうな表情をしている里崎を呼ぶ西村の声が響いた。

「里崎さん！　青山小学校の甲斐校長から電話です。気になることがあるそうです」

「甲斐校長から、気になること？」

里崎は、今にも出発しようとしている田丸を目で制すると、受話器を手に取った。

「もしもし、里崎です。昨日はどうもありがとうございました。どうかされましたか？」

「いやあ～里崎さん。ちょっと気になる話があったので、お耳に入れておこうと思いましてお電話を差し上げました」

「どんなことですか？」

「今朝、うちの保護者から電話がありましてね。その方が昨夜十一時頃、何気なく窓から外を覗《のぞ》くと、向かいの集合住宅の一室に小学生ぐらいの女の子が入っていったらしいんですよ」

「深夜の十一時にですか？」

「ええ。ずっと空き家だと思っていた部屋に、女の子が深夜に一人で入っていったので、とても不審に思われたようです。向かいの集合住宅に住んでるのに、朝の集団登校にも参加していないものですから、親が学校に登校させてないんじゃないかと心配されて電話をくれたんですよ」

「その保護者が女の子の姿を見たのは間違いないですか？」

「間違いありません。しかもですね、その女の子が家に入って間もなく、スーツ姿の二人組の男女が走ってきて辺りを探っていたって言うんですよ。電話をくれた方は、その家庭が借金取りにでも追われていて隠れ住んでるせいで、子どもを学校に行かせられないんじゃないかって心配されてましてね。私の方でその部屋の住所からうちの生徒の個人データを検索してみたんですが、うちの学校には就学していないんですよ」

「校長先生、その住所ってもしかして木挽《こびき》町二丁目二十七番地、白樺荘一〇三号室じゃないですか？」

「そ、そのとおりです。どうしてわかったんですか？」

「昨日こちらで受理した虐待通告の対象家庭がそこじゃないかと調査を進めているところだったんですよ。詳しいことはまた話しますが、女の子を追いかけてきたスーツ姿の借金取りというのは、実は僕と田丸なんですよ。昨夜調査の途中で、例の公園の幽霊を見かけて追いかけていったんですが、白樺荘の辺りで見失ってしまって」

「ということは、幽霊の正体は、その女の子というわけですか！　いや、まったく驚きました。こんな形で幽霊と不就学児童が繋《つな》がるなんて」

「田丸との調査で、多分白樺荘の一〇三号室じゃないかと推察していたんですが、確証がなくて困っていたところだったんです。校長先生、重要な情報提供本当にありがとうございます」

「いや〜、お役に立てて何よりです」

「調査の進捗《しんちょく》状況はまた追って連絡しますので、ご協力お願いいたします」

「わかりました。その子はうちに来てくれることになるんでしょうから、こちらこそよろしくお願いします」

「よ〜し！　次長！」

「聞こえてたよ。立ち入り調査の準備だ。所長、よろしいですか？」

「少し強引ですが、子どもの教育権を奪っているのは明白ですからいいでしょう。乳児がいる可能性もあるわけですから、その点も考慮すれば無理ではないと思いますね。前山次長、念のため、弁護士の中村先生に連絡をして確認を取ってください」

「わかりました。すぐに電話します」

暫《しばら》くすると、前山次長が次長室から姿を現し、里崎の顔を見つめ大きく頷《うなず》いた。

「ただし、慎重にやるように。強引なやり方はできるだけ避けて、スムーズに部屋に入れるよう努力してほしいとのことだ。もっとも子どもの状況が厳しいと判断できたり、乳児がいると確認できた場合には強引に行け」

「わかりました。努力します。田丸、家主の佐藤さんに協力してもらおうと思うんだ」

「そうね。川上さんと話したことがあるのは佐藤さんだけだから。その顔つきだと、里崎君も、立ち入り調査のイメージできてる感じね」

「俺なりに考えてみたよ」

「じゃあ、あなたから説明してくれる？　里崎君は既《すで》に立ち入り調査を経験してるから頼りにしてるわよ」

「わかった。気づいた点があったらフォローしてくれ」

「了解。長谷部課長、立ち入り調査の段取りを説明したいので集まってもらえますか」

「わかった。司馬係長、中山係長それから緑川さん、横山君、吉岡君こっちに来て。あ、そうだ、田丸さん、一時保護課に連絡して保健師の内田さんにも来てもらって」

「わかりました」

内田は、今年度、保健所から異動してきたベテランの保健師で、三和県において、児童相談所に配属された最初の保健師でもあった。明るい天然キャラだが、保健師としての技量は抜群で、何よりも熱いハートの持ち主として評判の女性だった。彼女の評判を耳にした東山所長が人事課に掛け合い引き抜いてきたのだ。

程なく内田が診療セットの入った黒い鞄《かばん》を片手に事務所に入ってきた。気合いの入ったたい顔をしている。役者は揃《そろ》った。

作戦開始

慌《あわ》ただしく編成された立ち入り調査の実働部隊が、協議机を囲んだ。里崎が白樺荘の家主である佐藤から借りてきた部屋の間取り図と住宅地図を机に広げると、九つの頭が図面の上で美しい楕円を描いた。里崎が考えた手順の説明を始めた。

「まず、家族構成ですが、父親と母親、それから小学校低学年ぐらいの女の子が一人、そして、最近生まれたばかりの乳児がいる可能性があります。今回のケースについては、家庭訪問をして、玄関が開けられる可能性は、まずゼロです。我々が調査をした際にも、気配すら感じませんでしたから相当用心深い相手だと思います。川上さんが唯一関わりを持っているのは家主の佐藤さんです。その佐藤さんでも家庭訪問しても会うことができない状況です」

「じゃあ、どうやって玄関を開けさせるの？　玄関開かなきゃどうにもなんないじゃない」

中山係長が鋭く切り込んだ。

「はい、家主の佐藤さんが川上さんに会うことができるのは、川上さんの部屋の新聞受けにメモを入れて、佐藤邸に会いにくるように要請した場合だけです。これに賭《か》けるしかありません」

「佐藤さんに頼んでメモを入れてもらうってことね」

「そうです。経済的に困窮《こんきゅう》してるはずですから、家賃のことで話があるという内容にすれば、必ず反応すると思います。佐藤さん宅に訪問してもらう時間を、夜の九時頃に設定すれば、川上さんも心理的に安心して外に出かけられる時間帯だと思います。呼び出しに乗ってくる可能性は高いと思います」

「なるほど。理に適《かな》ってるね。それで、どんな段取りにするの？」

司馬係長がいつもどおりの冷静な口調で里崎に尋ねた。

「まず、佐藤さんにお願いして、メモを入れてもらいます。明るい時間帯の方がメモに気づきやすいと思いますから、三時頃が適当かと。その際、メモの入った封筒は半分ぐらい新聞受けからはみ出た状態で入れてもらうようにします。現場で僕が待機して、封筒を見張ります。封筒が中に引き込まれれば、川上さんがメモを受け取ったと確認できますから、その時点で立ち入り調査の実施を決定します。ただ用心深い人ですから、暗くなるまでメモを引っ張り込まないかもしれません。少し時間がかかる可能性があります」

「でも里崎君、あなたはどこから見張るの？　白樺荘の前の道には身を隠せるような場所はないでしょ？」

現場の状況を知っている田丸が里崎に質問した。里崎は軽く頷《うなず》くと説明を続けた。

「青山小学校の校長先生にお願いして、白樺荘の向かいの家にお願いしようと思ってる。小学校に通告をくれた家だから、事情を説明すれば庭先を貸してくれると思うんだ」

「あの家からならバッチリ見張ることができるわね」

「僕から立ち入り調査のゴーサインが来たら、ほかのメンバーも事務所を出発して現場で合流してもらいます。庭先での待機になるか、家の中に入れてもらえるかは、今後の交渉によると思いますが」

「わかったわ。私は何をすればいいの？」

「田丸には家主の佐藤さんのところで待機してもらう。川上さんが佐藤さんと話し終わって帰ったら、すぐに俺の携帯に電話をくれ。連絡が終わったら川上さんに気づかれないように十分に距離をとって後を追ってくれ」

「わかった。じゃあ、少し遅れて現場に合流することになるわね」

「そうだな。ここからが重要なポイントになります。今回の立ち入り調査の場合、川上さんが自宅に戻って戸を開ける瞬間しか部屋に立ち入るチャンスはありません。突入のタイミングがともかく難しい……」

「確かに、とても難しいわね。鍵を開ける前だと、戸を閉めたまま現場から逃げちゃうかもしれないし、鍵が開いてから動いたんじゃ部屋の中に逃げ込まれる可能性も高いしね。厄介《やっかい》だなあ～」

中山係長が珍《めずら》しく困った表情を見せた。

「声をかければいいんじゃない」

司馬係長が軽い口調で言った。

「え？　川上さんに気づかれないように声はかけない方がいいんじゃないですか？」

緑川が納得いかぬ表情で司馬に問いかけると、司馬はやはり軽やかな口調で答えた。

「川上さんの玄関までは道路を挟んで四メートルほどの距離があるんだよね。僕たちは川上さんが鍵を開ける瞬間まで動けないわけだから、玄関に着く前に中に入られてしまう可能性が高いでしょ。だからあえて大きな声で呼びかけるのさ。突然大声で自分の名前を呼ばれたら、驚いて声の方向に顔を向けるでしょ。相手が狼狽《うろた》えている隙《すき》に距離を詰めるのさ」

「なるほど～。わざと気づかせて四メートルの距離を走り切る時間を稼ぐわけですね」

緑川の納得した様子を見ながら司馬はさらに続けた。

「ただ、声をかける場所も大事なんだよ。僕たちのいる方向とは違う方向から声をかけて、川上さんの注意をそちらに向けることがポイントになるんだ」

「具体的にはどうするんですか？」

里崎が食いつくように尋ねた。司馬は、簡単な絵を描いて説明を始めた。

「いいかい。川上さん宅の南側に僕たちは待機している。左右十メートルほどの位置に四つ角があるよね。川上さんは西側、つまり、左の四つ角から戻ってくる。声をかける人は反対側の四つ角に身を潜《ひそ》めていて、適当なタイミングで川上さんの名前を大声で呼ぶ。川上さんは驚いて声の方を見るだろうけど、距離は十メートルも先だと確認できれば少しホッとするんじゃないかな。そこに隙《すき》ができると思うんだよ。川上さんの注意が右側に集中している間に、僕たちは真後ろから一気に距離を詰める。まあ、こんな感じかな」

「お～……」

一同から感心の声が漏《も》れた。

「女性の声の方が、川上さんも構えないだろうから、中山さんが適任じゃないかな」

「了解。絶妙《ぜつみょう》のタイミングで声をかけるわ」

中山が、任せろという顔で答えた。

「なぜか司馬さんが言うと、大したことじゃなくても、大したことに思えるから不思議なんですよね～」

緑川が神妙《しんみょう》な面持《おもも》ちでとても無礼なことをさらりと言った。

「そうでしょう～」

司馬は、微笑みながら大人の反応を返した。

二人のやり取りを聞いて、少し気持ちが和《なご》んだ里崎は、自分が緊張しすぎていることに気がつき、大きく深呼吸をした。冷静に、冷静に。里崎は心の中でそう呟《つぶや》くと、部屋の見取り図を指しながら、さらに入室後の段取りを説明した。

「首尾よく中に入ったら、横山が台所を押さえる。位置はここだから覚えといてくれ。吉岡は僕と一緒に父親を押さえる。司馬さんはお母さんに対応してください。内田さんは子どもたちの健康状態のチェックを。中山さんと田丸は全体の状況を見て関係各所に連絡を入れるようにしてください。立ち入りが夜間になった場合には、部屋が暗いので、各自懐中電灯を携行《けいこう》してください。それと、部屋の中はかなり酷《ひど》い可能性があります。怪我《けが》をしないためにも、今回は靴は脱がずに入ることにします。ただ、乳児が床に寝かされている可能性がありますから、誤って踏んだりしないように足元には十分気をつけてください。それと、最後に一つ報告ですが、今日は南署管内で強盗事件があったせいで、こっちの立ち入り調査に人を割けないそうです。だから、僕たちだけでやることになります。何か質問はありますか？」

　里崎の問いかけに司馬が口を開いた。

「みんないいかな。里崎さんが今報告してくれたように、今日は警察の応援はないからね。我々だけだから緊張感を絶やさないようにしていこう。大暴れするような相手じゃないと思うけど、決して油断しないように。川上さんも含めて、誰一人怪我のないように、気を引き締めていこう」

「はい！」

　中山が自分の席に戻る途中、里崎に話しかけた。

「立ち入り調査は毎回家の中に入るのに苦労するけど、今回は特に大変ね」

「そうですね。今回の成否は中山さんの声かけのタイミングにかかってますね」

「あれ？　里崎君、協力してあげるのにプレッシャーかけるわけ？」

　中山は少し怖い笑みを浮かべていた。

「いえ、そんなつもりは……。あっ、そうそう、後藤さん、医大小児科の宮本ドクターに協力依頼の電話してもらえるかな。僕は校長先生と家主の佐藤さんに電話して協力依頼するから」

「何ですか～、話をはぐらかすための取ってつけたみたいなその依頼～。感じ悪いですぅ～。まあ、大事なことですからちゃんと電話しときますけど～」

「すいませんね、いつもご迷惑おかけして！」

里崎はすぐに校長に電話をかけると手際《てぎわ》よく状況を説明した。事態が差し迫っていると理解した校長はすぐに川上家の向かいのお宅に住む保護者宅に電話をし、立ち入り調査への協力を依頼した。

「もしもし、里崎さん。ＯＫです。協力してくださるそうです。家の中でゆっくり待っていてもらって構わないとおっしゃってくださってますので」

「そうですか。ありがとうございます。僕と田丸は今から家主の佐藤さんのところに行って協力をお願いしてきます。それが済んだら僕が向かいのお宅に向かいます。到着したら、校長先生に電話しますので、裏木戸《うらきど》を開けるように連絡していただけますか？　玄関から入るのは目立ちますから」

「わかりました」

「それと、いつもお願いしていることですが、児相の業務にご協力いただく場合には、守秘義務が発生しますので、絶対に秘密は守っていただくように、その方にもよくお伝えください」

「はい。その点については既《すで》に先方様にも重々お話しておきました」

「さすがは校長先生。ありがとうございます。では、後ほどお電話しますのでよろしくお願いします」

校長との話が済むと、里崎はすぐに家主の佐藤に電話をかけた。

「もしもし、佐藤さんのお宅ですか。先ほどお邪魔《じゃま》いたしました中央子ども家庭センターの里崎です。実はですね、急を要する事態になりまして、申し訳ないんですが佐藤さんのお力をお借りしたいことがあるんですよ。それでですね、まことに勝手なんですが今からもう一度お伺《うかが》いしてお話したいんですがよろしいでしょうか。ええ、ええ、よろしいですか。ありがとうございます。では、今からすぐに参りますので、よろしくお願いいたします。よし。OKもらったぞ。田丸、着替えたらすぐに行こう」

田丸は目まぐるしく展開する立ち入り調査の段取りを一瞬たりとも見逃すまいと集中し、しっかりとメモを取った。今回は里崎が仕切ってくれているが、いつ自分がその立場になるかわからない。もし、児童相談所が同時に数件の虐待通告を受理する事態が発生し、里崎や仲間の応援が得られない場合には、忽《たちま》ち田丸自身がすべての対応を考えなければならなくなるのだ。そんな日がそう遠くないうちにやって来ることは、児童相談所の現状から容易に想像ができた。悠長《ゆうちょう》に勉強をしている時間など児童相談所の現場にはないのだ。日々、体当たりで身につけるよりほかに術《すべ》はない。体で覚えるしかないのだ。

「さあ、これに着替えよう」

二人は素早く作業着に着替えると、佐藤の家に向かった。里崎は紙袋の中に無造作に詰められた防刃《ぼうじん》手袋と防刃チョッキをぼんやりと見つめていた。何時間か後にはどんな危険が潜《ひそ》んでいるかもしれない赤の他人の家に無理矢理入っていかなくてはならない。その現実が改めて恐ろしく思えた。もし、怪我《けが》でもしたら……。しかし、危険であろうとなかろうと、児童相談所の職員は立ち入り調査を行わなければならない。子どもを守るためには我が身の危険を顧《かえり》みてはいられない。それが、厳然たる児童相談所の現実なのだ。子どもを守る仕事。だが、子どもを守るのは容易ではない。


「着いたぞ田丸」

「ええ、行きましょう」

佐藤は嫌な顔一つ見せずに二人を招き入れてくれた。

「それで、一体どうなさったんですか？　急を要するっておっしゃってましたけど」

「はあ。話すと驚かれるかもしれないので、少々申し上げにくいのですが……」

「大丈夫ですよ。戦争中、空襲に遭《あ》ってますから、ずいぶん悲惨な光景を見てまいりました。少々のことでは驚きませんから、ご心配なく」

「それがですね、調査をしていく中で、いろいろわかってきたんです」

　二人は、川上宅には小学校に就学すべき子どもがいる可能性が高いこと。ここ数日の間に乳児を自宅で出産しているかもしれないこと。子どもたちの福祉や生命の安全のためにも立ち入り調査による保護が必要であることについて、丁寧《ていねい》に佐藤に説明した。佐藤はとても落ち着いた様子で静かに話を聞いた。

「そうですか。わかりました。ご協力させていただいてもいいのですが、一つお聞かせ願えますか?」

「ええ、何でしょう?」

「子どもたちは、里崎さんや田丸さんのところで保護された後は、もう親御さんとは会えなくなってしまうんでしょうか?　子どもを学校に行かせないのは良くないことですし、赤ちゃんを今どき自宅で出産するというのも非常に危険だということはよくわかります。ただ、余程の事情があって、そうせざるを得なかったんじゃないかと思えましてね」

「と、おっしゃいますと?」

　里崎は佐藤の優しい眼を見つめて言った。

「私、川上さんが悪い人だとはどうしても思えません。だからこそ、素性《すじょう》もはっきりはしませんでしたが、店子《たなこ》になっていただいたわけですし。親子がずっと離れ離れになるというのは、どうにも忍びなくてねえ。子どもを保護して、何て言うんですか、施設って言うんですか。そういうところで保護したら終わりっていうのはどうにもねえ」

佐藤の話を聞いていた田丸の表情が和《やわ》らいでいくのを里崎は見ていた。

「ありがとうございます。佐藤さんのような方が大家さんで本当に良かった。最近ではともかく子どもを保護して施設に入れろって言う住民の方がとても多いので、久しぶりに佐藤さんのような方にお会いできて、すごく嬉《うれ》しいです。決して保護して終わりっていうようなことは考えていません」

田丸は嬉しそうに答えた。

「本当ですか」

佐藤の表情が明るくなった。

「佐藤さんがおっしゃるように何か事情があって川上さんは今のような生活をせざるを得ないんでしょう。僕たちは、子どもを保護した上で、関係機関と協力しながら、川上さんが困っている状況を一緒に改善していくつもりです。そして、川上さんが普通の生活を送れるようになれば、子どもたちを家庭に帰すつもりです。その時は佐藤さんにもいろいろと相談に乗っていただければと思っています」

里崎の説明に佐藤はとても安堵《あんど》した様子だった。

「そうですか。それを聞いて安心いたしました。喜んで協力させていただきます」

「ありがとうございます。それと、蛇足《だそく》かもしれませんが、佐藤さんにも守秘義務が発生します。今回のことは決して口外なさらないようにお願いします」

「もちろんです」

里崎は今後の段取りを佐藤に説明すると、川上宛のメモを書いてもらった。家賃の支払い方について相談があるから九時に家に来るようにというものだった。夜でも見やすいように白い封筒にメモを入れると封筒の裏には佐藤の名前を書いた。里崎は、佐藤の名前が相手に見えるよう、封筒を裏向きにして新聞受けに差し込むよう佐藤に指示をした。差し出し人が佐藤だとわかった方が川上が封筒を取り込む可能性が高いと考えたからである。

準備ができると、先に里崎が佐藤の家を出た。監視場所に着いた里崎は、静かに佐藤が現れるのを待った。

暫《しば》くすると、川上宅を見張る里崎の視野にゆっくりと歩いてくる佐藤の姿が入ってきた。佐藤はごく自然に封筒を半分ほど新聞受けに差し込むと、そそくさと立ち去っていった。

新聞受けからちょこんと体の半分を突き出した何の変哲《へんてつ》もない小さな封筒が、妙《みょう》に妖しげで不気味な雰囲気《ふんいき》を漂わせているように里崎には感じられた。今日の立ち入り調査の成否はまさにこのちっぽけな封筒にかかっているのだ。家の中では何が起こっているのだろう？封筒には気がついているのだろうか？　何とも言えない緊張感が里崎の身を包んだ。

何なんだろう、この思いは？　さっきまでの恐怖心とは違うこの思いは？　体の底から湧《わ》いてくるようなこの熱い感覚は？

里崎は昨夜見た白い幽霊のことを思いながらじっと封筒を見つめた。幽霊と見間違われたあの女の子に、陽光《ようこう》が燦々《さんさん》と降り注ぐ明るい公園で思いっ切り遊ばせてあげたい。小学校の広い校庭で、友達と一緒に元気いっぱいに走り回らせてあげたい。そんな思いが里崎の全身に満ちてきた。

どれぐらい時間が経ったのだろう。時計を見ると、四時を少し回っていた。既《すで》に一時間以上経過しているが、封筒には全く動きがない。里崎は、コンビニで買ったおにぎりを鞄《かばん》から取り出して静かに口に含んだ。

さらに一時間以上の時間が過ぎ、辺りは次第に暗くなりつつあった。里崎がペットボトルのお茶のキャップを回していたその時、白い封筒がピクリと動き、ほんの少しだけ中に引き込まれた。う、動いた。確かに今ほんの少しだが中に引き込まれたぞ。里崎はすぐに佐藤宅で待機している田丸に電話をした。

「もしもし、田丸か。今封筒がほんの少しだけ引き込まれた。でも、そのまままた動かなくなった。どういうことだろう?」

「やはり、相当用心深い人だね。薄暗くなるのを待って、少し引き込んだんじゃないかな。封筒に何か細工でもされていないかを確かめたのかもしれない。暗くなったら取り込まれるかもしれないから注意して見張ってね」

「わかった。その時は、また連絡するよ」

「取り込まれたらこっちより、事務所で待機している中山さんたちへの連絡が先よ」

「そうだな。わかったよ」

里崎はずっと封筒を見つめていた。封筒の先に少女と自分を結ぶ命の糸が見えるような気がした。

七時半を過ぎ辺りはすっかり暗くなっていた。街の輪郭はずいぶんおぼろげになったが、冴《さ》えた月の光が街を青白く照らし、かろうじて世界が闇に飲み込まれることを防いでいた。だが、里崎の目には封筒が渾身《こんしん》の力で弱々しくも自ら光を放っているかのようにはっきりと見えていた。それはまるで白い封筒が闇に銜《くわ》えられているかのようにも見えた。

必ず川上さんはメモを手に取る。そう信じて里崎はひたすら白い封筒に意識を集中させ続けた。一陣の夜風が里崎の頰《ほお》を撫《な》でたその時、封筒は唐突に闇に飲み込まれた。それは一瞬の出来事だった。入った！　ついに入ったぞ！　里崎は急いで中山に電話をかけた。

「もしもし、中山さんですか。今、封筒が室内に取り込まれました。事務所を出発してください」

「了解。すぐに出るわ。田丸さんには私から電話しておくから、里崎さんはそのまま見張りを続けて。さあ、みんな、行くわよ！」

「はい！」

二十分後、中山たちが里崎に合流した。

「どう？　何か動きはあった？」

「いえ。まだ何の動きもありません。川上さんが佐藤さんの家に行くとしたら八時五十分頃に動きがあるはずです」

「そう、わかった。ちょっとみんな聞いてくれるかな」

司馬がとても小さな声で話し始めた。

「多分、後二十分ほどしたら川上さんが部屋から出てくると思うんだ。川上さんが佐藤さんのところから戻ってきて部屋を開ける一瞬が勝負。みんなで道を渡るとすぐに気づかれるかもしれないから、僕と里崎さんが先に走るからね。僕たちが首尾よく戸にたどり着いて戸を押し開けることができたら、台所を押さえる横山君を先頭に一斉《いっせい》に突入してほしい。赤ちゃんがどこにいるかはわからないから、くれぐれも足元に注意して慎重に進むように。事前の調査で部屋には電燈《でんとう》が備え付けられているはずだから、中に入ったらすぐに電気をつけて部屋の状況が確認できるようにする。いいね」

「はい！」

「じゃあ、僕と里崎さんはここで見張りを続けるから、みんなは家の中で待たせてもらって。動きが出たらすぐ僕が呼びに行くから」

長い、長い二十分が過ぎようとしていた。

「司馬さん、川上さんは出てきますかね？」

里崎が心細げに尋ねた。

「出てくるよ。お金に困っている川上さんにとって、家賃に関することは今一番重要な問題だからね。必ず出てくる」

「そうですかね。ここまで段取りしましたけど、今日すぐに反応するか心配になってき……」

「シーッ！　静かに！」

司馬が里崎の言葉を遮《さえぎ》った瞬間、川上の部屋から鍵を開ける小さな音が聞こえてきた。そして、ついに司馬と里崎の目の前で周囲の様子を窺《うかが》うかのように静かに、そしてゆっくりと戸が開き始めた。まるで人が薄氷《はくひょう》の上を歩くかのように、戸は音を立てまいと慎重にレールの上を進み始め、十センチほど開いたところでピタリと止まった。戸の向こうには月光を拒むかのような、真っ黒な闇が不気味に口を開けていた。闇の向こうに何かがいる気配が感じられた。息を潜《ひそ》めて外の様子を窺っているのだろうか。暫《しばら》くすると戸は再び細心の注意を払いながらレールの上を歩み始めた。今度は三十センチほど開いたところで動きを止めた。数秒の静寂の後、サッシと戸の間に広がる真っ暗な空間の中から突然男の頭が飛び出してきた。暗闇に浮かぶ血の気のない生首のように見えたその頭は、左右をきょろきょろと確認すると、首から下の胴体を少しずつ月明かりに曝《さら》した。

黒いジャージの上下に黒い靴を履いた川上は、今度は素早く戸を閉めると鍵を掛け佐藤の家のある方向に早足で歩き始めた。手の平が闇に舞う大きな蛾のようだった。

川上の姿が見えなくなると、里崎はすぐに田丸に電話をし、司馬は家の中で待機しているほかのメンバーを庭に呼び出し待機させた。同時に中山は裏通りから右側の四つ角まで進むと、静かに身を潜《ひそ》めた。

一同の緊張感が一気に高まっているのが里崎に伝わってきた。最初に突入するメンバーは防刃《ぼうじん》チョッキのベルトを確認し、防護靴の靴紐を固く締め、最後に防刃手袋を着用した。里崎の心臓はろっ骨を砕《くだ》いて出てきそうなほど高鳴っていた。落ち着け、聡太郎。ゆっくり深呼吸だ。里崎は心を落ち着けようと、自分自身に語りかけた。

「す〜〜、は〜〜。す〜〜、は〜〜」

「里崎さん、落ち着いていこう」

司馬が里崎の肩にそっと手を乗せた。里崎は黙って静かに頷《うなず》いた。

田丸が里崎から電話を受けた十分後、佐藤家のインターホンが鳴った。田丸と佐藤は顔を見合わせると静かに頷き合った。田丸は応接室の隣の部屋に姿を消した。佐藤の振る舞いはとても自然なものだった。

「はい、どちら様ですか」

「あ、あの川上です」

「あら、川上さん、遅くにすいません。すぐに開けますね」

田丸は佐藤が玄関を開けて外に出ていく音を聞いていた。そして、再び玄関の開く音が聞こえて、佐藤と川上が家に入ってくるのがわかった。

「さあさ、こちらにどうぞ。そちらのソファーにでもおかけください。お茶を入れてきますね」

暫《しばら》くすると佐藤がお茶を持って戻ってきた。

「遅くにごめんなさいね、川上さん。今日は出かけておりまして少し前に帰ってきたところでしてね。明日でも良かったんですけど、私はせっかちで、思い立ったら何でもすぐにやりたい性格でしてね。それに、お金のことはできるだけ早くお伝えした方がいいんじゃないかと思いまして。ごめんなさいね」

「あ、あの、そ、それでどんなお話ですか。や、家賃のことだとか……。あ、あの値段が上がるんですか？」

とても、気の弱そうなか細い声だった。

「あ〜、いえいえ、そうじゃありませんのよ。この前、川上さんは半年分の家賃をまとめて支払ってくださいましたけど、今後は毎月普通に支払っていただけばいいんですのよ。差し出がましいとは思いますが、いろいろとご事情がおありなんでしょ。きっとお金も必要だと思いますから……」

「い、いいんですか？　ほんとに毎月の家賃を普通に支払うだけでいいんですか？　わ、私、自分の素性《すじょう》も何も話してないのに……。それでもいいんですか？」

「ええ。結構ですよ。困ったときはお互い様って言うじゃありませんか。たくさんある集合住宅の中から、あんな古い白樺荘を選んで店子《たなこ》になってくださったんですし。これも、何かのご縁ですから」

「あ、ありがとうございます。ほ、ほんとにありがとうございます。実のところ、すごく経済的に困ってたので助かります。ありがとうございます」

川上は泣き出しそうな表情で、何度も何度も頭を下げた。

「まあ、まあ川上さん、そんな大層なことは何もしてませんから、頭を上げてください。折角《せっかく》、主人が残してくれた白樺荘に入ってくださったんですから、これからもよろしくお願いしますね。私でよかったら何でも相談してくださいね」

「あ、ありがとうございます。よろしくお願いします」

川上は決して多くは語らなかったが、佐藤もまた必要以上には何も聞こうとはしなかった。二人は何気ない話を、何気なく交《か》わした。そのやり取りを聞いて田丸は佐藤という人物が、川上の家庭を援助する上でキーストーンになると確信していた。

「あ、あの、すいません。もう帰らないと」

「ああ、そうですね。ずいぶん余計な話をして引き止めてしまいましたね。じゃあ、何かあったら本当に遠慮なく相談してくださいね」

「はい。ありがとうございます」

「では、お気をつけて、お帰りください。おやすみなさい」

「お、おやすみなさい」

川上はとても安心した様子で帰っていった。田丸は玄関のドアが閉まる音を聞くと、すぐに里崎に電話をした。

「もしもし、里崎君。今、川上さんが佐藤さんちを出たわ。ごく普通の人だけど、とても気の弱い男性だと思うの。それだけに、追い詰められるとパニックを起こして逆上する可能性もあるから、油断はしないでね。人間は切羽《せっぱ》詰まると思いもよらない力を出すものだから。私もすぐに後を追うわ」

「了解。四つ角で待機している中山さんには僕から電話しとくよ」

受話器から聞こえてくる里崎の小声から現場の緊張感が田丸にも伝わってきた。

「佐藤さん、ご協力、ありがとうございました。私も川上さんの後を追いますから、お礼は改めて」

「どうぞ行ってください。田丸さん、あの方、相当困っていらっしゃいますよ。ずいぶん臭いもしておりましたし、頭には虱《しらみ》の卵がたくさん付いておりましたから」

「わかりました。ありがとうございます。では」

田丸は佐藤の冷静さに感心していた。戦争を生き残った人の肝の据《す》わり方はこうも違うものかと。田丸は、気づかれないように十分な距離をとりながら川上の背中を追った。白い首と手の平が闇に踊っていた。

里崎と司馬は川上の到着をじっと待っていた。遠くから、微《かす》かな足音が春の夜の澄んだ空気を震わせながら、里崎たちの耳に届き始めていた。四つ角で息を潜《ひそ》める中山の目には、反対側の四つ角を曲がってきた川上の姿がしっかりと捉《とら》えられていた。

「来た。みんな用意して。里崎さん、つま先を使って足音を立てずに走るんだよ」

「は、はい」

足音がすぐ近くまで来ていると感じられた次の瞬間、川上の姿がスッと扉の前に現れた。鍵を開け始めた。予想以上の速さで戸が開いたと誰もが感じたその時、中山の気合いに満ちた声が通りに響いた。

「川上さんですね！」

「ひっ！」

川上はびくりと肩を窄《すぼ》めて首を右に振った。中山が見た川上の顔には言葉で表現できないような恐怖が満ちていた。川上がひるんだ一瞬の隙《すき》をついて里崎と、司馬は一気に距離を詰めた。二人が道路を三メートルほど走ったところで、我に返った川上が恐ろしいスピードで部屋の中に姿を消し、同時に戸が閉められようとした瞬間、司馬が、聞いたことのないような大声で叫んだ。

「里崎さん！　足！　突っ込め！」

「はい！」

ガシッと鈍い音がして里崎の防護靴が戸とサッシの間に挟み込まれた。部屋の中から鼻を突く悪臭が漂ってきた。

「よし！　開けろ！」

「はい！」

川上は必死の形相《ぎょうそう》で何やら呻《うめ》きながら戸を閉めようとした。

「ひっ！　ひ〜！　うい〜、うい〜、うい〜！！」

戸が閉まらないことにパニックを起こした川上が里崎の靴の先を狂ったように何度も何度も踵《かかと》で踏みつけ、必死で戸を閉めようとしている。その力は恐ろしく強かったが、里崎と司馬が二人がかりでグイグイと戸を抉《こ》じ開けた。里崎たちが作った隙間《すきま》を横山、吉岡が懐中電灯を手に、風のように抜けていった。横山は懐中電灯をかざしながら慎重に台所を押さえ、吉岡は川上を後ろから羽交《はが》い絞めにした。戸が全開されると、里崎、司馬が中に入り、その後から中山、緑川、保健師の内田、最後に川上を追ってきた田丸が駆け込んだ。

「きゃ〜！　何なのあんたたち！」

母親の悲鳴が暗い部屋に響くと同時にパッと電気がつき、部屋は白い光に満たされた。

「川上さん、児童相談所の立ち入り調査です」

「な、な、何だ！　何だ！　で、出てけ〜。早く出てけよ〜。は、離せ、離せこの野郎！」

「お、落ち着いてくださいって川上さん！」

暴れる川上を里崎と吉岡が二人がかりで押さえ込んだ。里崎は嗅いだこともないような悪臭に気が遠くなりそうになったが、必死で川上を押さえ込んだ。

「これ以上暴れると、公務執行妨害で警察呼びますよ！」

田丸がどすの利《き》いた声で叫んだ。川上は諦《あきら》めたのか、へなへなとその場に座り込んだ。川上を押さえる役割がひとまずなくなった里崎は、振り返って部屋の様子を確認した。

里崎の目におぞましい部屋の光景が飛び込んできた。レジ袋に詰められた大量のゴミが部屋中に広がり、その間を見たこともないような大きなゴミムシが真っ黒な背中をつやつやと光らせ蠢《うごめ》いていた。駅のゴミ箱に群れているのを見かける小さな茶翅《ちゃばね》ゴキブリたちも我が物顔で動き回っている。その数は夥《おびただ》しく、部屋中のどこに目をやってもその姿が目に入った。さらに、ショウジョウバエの大群が部屋中を飛んでおり、呼吸をするだけでそれらが口や鼻の穴に飛び込んできそうな気がしてならなかった。ゴミムシや、ゴキブリといった昆虫類だけではない。ネズミもあちらこちらで走り回っているのが見えた。そして、里崎はそんな部屋の中、無造作に敷かれた布団の上に横たわる白い少女と思わしき女の子と、タオルに包まれた乳児を抱く母親の姿を見た。乳児の様子を保健師の内田が慎重に伺《うかが》っており、その隣では中山と緑川が少女の様子を確認していた。やっぱり、赤ん坊がいたんだ、とても危険な状況だったんだ！　我に返った里崎は足首に違和感を覚え、ゆっくりと自分の足元に目をやった。靴にたくさんの茶翅ゴキブリが乗っていて、数匹が靴下を登山していた。体中の毛が逆立ち、肌に粟《あわ》が生じていた。緑川から引き継いだ去年のネグレクトケースの家庭訪問が里崎の脳裏《のうり》に甦《よみがえ》ってきた。里崎は遠い世界へと旅立った。

「ひっ！」

里崎は無意識で飛び上がり、足をバタバタと高速で振り続けた。司馬と一緒に、母親に立ち入り調査について説明していた田丸が、その様子を見て冷たく言った。

「緑川、何であいつはあんなところでアイリッシュダンスをしてるの？」

「わかりませんけど、多分足に付いたゴキブリを払おうとしているんだと思います。里崎さん、かなりしっかりしてきてるんですけど、ゴキブリだけは超苦手で乗り越えられないいんですよね……」

「ったく、使えないわね。里崎君！　ぼやっとしてないで医大に電話して！」

田丸の怒鳴《どな》り声で再び正気を取り戻した里崎は、ネズミやゴキブリがいないかのように淡々《たんたん》と責務を果たしている仲間たちの様子に気がついた。何やってんだ俺は！　しっかりしろ！

里崎は自らに気合いを入れた。

「す、すまん！　すぐに電話する」

狼狽《うろた》える里崎をよそにほかのメンバーは臨機応変に行動していた。吉岡と、横山は川上に立ち入り調査について説明し、再び興奮し始めた父親を宥《なだ》めながら落ち着かせていた。田丸と司馬は母親から事情聴取を行っている。田丸の隣では内田が赤ん坊の体をチェックし、少女の状況は緑川と中山がチェックしていた。田丸は母親を司馬に任せると、全体の状況把握を始めた。

「内田さん、赤ちゃんの様子はどう？」

「そうねえ、ここじゃあまりよくわからないけど、衛生面ではとても心配だわ。臍《へそ》の緒《お》の処理もできていないし、体もずいぶん汚れているから。ただ、脈はしっかりしているし、幸いネズミにかじられた跡もない。耳に虫が入っている感じもないわね。母乳はもらってたってことだから、栄養状態は、まあ悪くないと思う。ただ、今お母さんに聞いた話だと、哺乳《ほにゅう》の際に乳首を消毒したりはしてないってことだから、ちょっと気になるわ。いずれにしても早く小児科を受診しないと」

「緑川、女の子はどう？」

「それが、ぐったりしているので熱を測ったんですが、高いですね。三十八度四分もあります。それと、気になることが」

「どうしたの？」

緑川に代わって中山が表情を曇らせながら田丸に答えた。

「体に発疹《ほっしん》がたくさん出てるのよ。膝《ひざ》の裏に虫に咬《か》まれたような跡があるからダニに咬まれたのかもしれない」

「何？　どういうことですか、中山さん？」

中山の報告を耳にした保健師の内田が厳しい表情で、中山の顔を見つめて呟《つぶや》いた。

「リケッチア……」

中山は黙って頷《うなず》くと、語を継《つ》いだ。

「ダニに咬まれて起こる感染症がいくつかあるのよ。日本紅斑熱《にほんこうはんねつ》かもしれない。ただ、部屋にネズミもいるからツツガムシリケッチアの可能性もあるかも……。いずれにしても、処置が遅れると命に関わる場合もあるから、急いで病院に行く必要があるわ」

「わかりました。里崎君が医大に電話してますから、ドクターと話してみますか？」

「ええ。里崎さん、ちょっとドクターと話したいから電話持ってきてくれない？」

中山が部屋の隅《すみ》で電話をしていた里崎に声をかけた。

「すぐ行きます！　はい、宮本ドクターです」

里崎は、無意識に足をバタつかせながら、必死で冷静さを保《たも》とうとしていたが、歩き方は滑稽《こっけい》だった。田丸はその様子を冷めた目つきで見つめながら、母子の情報を手際《てぎわ》よく中山に伝えた。

「中山さん！　お母さんの名前は聡子さん二十八歳。お姉ちゃんは桃華ちゃん、平成二十一年五月四日生まれの六歳、赤ちゃんは菜々ちゃん、平成二十八年四月一日生まれです」

「わかった。もしもし、宮本ドクターですか？　中山です。今からそちらに連れていく六歳の少女なんですが、三十八度四分の熱があります。膝裏《ひざうら》にダニに咬《か》まれたような跡があることと、体に紅斑《こうはん》が出ています。日本紅斑熱《にほんこうはんねつ》ではないかと思うんですが、部屋にネズミがいるので、ツツガムシリケッチアの可能性もあります。名前は川上桃華ちゃん、二十一年五月四日生まれ六歳です」

　中山はドクターに的確に状況を説明した。

「足や手の先はどうだ。四肢の先端にも紅斑が出てるか？」

「はい、出てます」

「それなら、日本紅斑熱の可能性が高いな。ツツガムシ症は体幹を中心に紅斑が出ることが多い。どっちにしてもテトラサイクリン系の抗生物質が有効だろうから早く連れてきてくれ。市街地のダニだから可能性は低いが、ＳＦＴＳに感染してなければいいんだが……」

「そうですね、ともかくできるだけ早くそちらに伺《うかが》います。それと、一昨日生まれたばかりの乳児もいます。まだ、臍《へそ》の緒《お》の処理もできていないそうですが、不衛生な状況以外には目立った外傷もなく、脈拍もしっかりしているそうです。名前は菜々ちゃんです。赤ちゃんの方もよろしくお願いします」

「了解だ。急いでくれ」

「はい。できるだけ早く行くようにします。田丸さん、桃華ちゃんは一刻も早く治療を始める必要があるの。ご両親に説明をお願い！」

「わかりました。吉岡君、お父さんにこっちに来てもらって」

「はい。お父さん、ちょっと、お母さんのところに行きましょう。田丸から話があります」

「川上義信さんですね。私、中央子ども家庭センターの田丸と申します。お母さんには既《すで》に説明しましたが、桃華ちゃんはマダニに咬まれることで発症する感染症にかかっている可能性が高いようです」

「ダニに咬まれたぐらいで病気になるのか？」

川上が不審げに言った。

「はっきりした病名は言えませんが、この病気は処置が遅れると非常に危険な状態に陥《おちい》る場合があるので、一刻も早く病院で治療をする必要があります」

「命に危険があるのか！」

「今はそこまで判断できません。それから、菜々ちゃんも新生児ですから、この部屋の状況では衛生面で非常に心配があります。出産もここでなさったようですし、出産まで一度も検診を受けていないということは奥さんからお伺いしました。病院でドクターに健康状態を診察してもらう必要があると判断していますので、これから二人を県立医大の小児科に連れていこうと思います。よろしいですね」

「ちょ、ちょっと待ってくれ！　うちは保険がないんだよ。病院なんて受診したらとんでもない治療費を請求されるじゃないか！　うちにそんな金はない！」

「治療費についてはこちらで支払いますからご心配なく。それから、本日から当分の間お子さん二人は児童相談所で一時保護させてもらいたいと思います。同意いただけますね」

「そ、そんなこと同意できるわけないだろ！　桃華と菜々は俺の子だ！　急に上がり込んできて何を勝手なことばかり言ってんだ！　だいたい、ひとんちの子どもをあんたらが勝手に連れていくことなんてできるのかよ。ゆ、誘拐じゃないか！　同意なんて絶対にしないからな！」

「お父さん、私たちもこういう荒っぽいことをしたいわけじゃないんです。しかし、児童福祉法や、児童虐待防止法の規定で、子どもの生命や福祉が守られていないと判断できる場合には子どもを保護するように命じられているんです。ですから、これは私たちの責務です」

「法律、法律って言われても納得できるわけないだろ！」

「日本は法治国家ですから、私たちもお父さんと同じで法律の規定には逆らえないんです。もし、一時保護に同意していただけない場合には、私たちは児童福祉法第三十三条の規定により、児童相談所長の職務権限による一時保護を行わなければなりません。職権による一時保護を行った場合には、お子さんたちとの面会も自由にはできませんので、その点ご了解ください」

「そんな、勝手な！　そんなことが本当にできるのか？」

「できるんです。どうされますか？　同意いただけますか……。お父さんも今の状況が子どもたちにとって良くはないと思ってるんじゃないですか？　いろいろ事情はおありだと思いますが、私たちに支援させていただけませんか。全力で応援しますから、お子さんたちのためにも、一緒に頑張って生活を取り戻しましょう」

「……生活を取り戻すって……。そんなことできるわけない……」

「子どもを大切に思ってる、お父さんとお母さんなら、絶対に取り戻せます。ともかく、一刻を争いますので医大に向かいますよ。一緒に来られますか？」

父は無言で力なく頷《うなず》いた。

「さあ、みんな行くわよ。里崎君、吉岡君、横山君、急いで車を回して！」

三人がコンビニに駐車中の車を取りにいっている間に、田丸は待機場所を提供してくれた向かいの家に丁重《ていちょう》に謝意を述べると、慌《あわ》ただしく車に乗り込んだ。

「出発して」

里崎の運転する車には、助手席に田丸、後部座席に司馬、そして川上義信が乗り込んだ。吉岡が運転する車には助手席に中山が、後部座席に菜々ちゃんを抱いた母親の聡子と保健師の内田が乗り込み、横山が運転する車の後部座席には桃華を寝かせ、緑川がその介護にあたった。緑川は虱《しらみ》だらけの桃華の頭を躊躇《ちゅうちょ》なく膝《ひざ》の上に優しく乗せると、左手でその体をしっかりと抱きとめた。三台の車は列をなし、車の少なくなった県道を医大へと急いだ。

魔の瞬間

川上は、車内では一言も発しなかった。ただ黙って項垂《うなだ》れ、自分の靴をぼんやりと見つめていた。まるでこの世の終わりを目の当《ま》たりにして呆然《ぼうぜん》としているかのように、ただぼんやりと古ぼけた靴を見つめ続けていた。

医大の入り口には、宮本ドクターが数人の看護師とともにストレッチャーを引っ下げて待ち受けていた。

「さあ、女の子はストレッチャーに乗せて！　内田さんは赤ちゃんと一緒についてきて！　田丸さん、ここからは俺たちの仕事だ。任せてくれ！　処置が済んだら報告する」

「お願いします。私たちはご両親とホールで待ってます」

薄暗い小児科の受付ホールのソファーに里崎たち児童相談所の一行と川上夫妻が静かに腰かけていた。みんな、一様に疲れている様子だったが、田丸が優しく夫妻に話しかけた。

「お父さん、お母さん、今日は本当にごめんなさい。突然のことですごく驚かれただろうし、お怒《いか》りにもなっていると思います。本当にごめんなさい。でも、先ほども申し上げましたように、これが私たちの仕事なんです」

「……」

夫妻は黙ったまま田丸の話を聞いていた。

「子どもの福祉が脅《おびや》かされていたり、命の危険があるかもしれないという通告を県民の方からいただければ、私たちは調査を行います。緊急に対応しなければならない危険があると判断した場合には、今日のような強引な立ち入り調査も行わなければなりません。それが、児童福祉法や、児童虐待防止法が私たちに課している義務なんです」

「もういいよ……。どうせもう終わりだ。あんたら俺たちを警察に突き出すんだろ。子どもを虐待してたってことで……。あの子たちは施設に入れられて……。刑務所から出てきた途端《とたん》に借金取りに追い回されて、地獄の日々が続くんだ。もう終わりだ」

少しパニックを起こしている父の肩に里崎が手を添えて、しっかりとした口調で言った。

「警察に突き出したりはしませんよ。子どもを殴《なぐ》ったり蹴《け》ったりして大怪我《けが》させるような虐待を行っている親の場合にはそういうこともあります。でも、私たちの仕事は本来そういうことじゃないんです」

「じゃあ、どうするんだよ……」

「いろいろな理由できちんと子育てできずに苦しんでいる家庭と関わって、上手くいかない原因は何なのかを一緒に考える。その上で適切に子育てができるようにアドバイスや支援をして、家庭生活を改善する。その過程で、途切れていた地域社会との絆《きずな》をもう一度繋《つな》ぐ。それが児童相談所の本来の仕事なんです」

「逮捕されないのか？」

半信半疑の川上に里崎は静かに話しかけた。

「もちろん。川上さんは、誰にも頼らず、ご夫婦だけで限界を超えるまで頑張ってこられましたね。お父さんとお母さんの頑張りは本当にすごいと思います。僕が、お二人と同じような立場なら、とてもここまで頑張れないと思いますから。お二人でできることはもう十分にやったはずです。桃華ちゃんと菜々ちゃんのためにも、これからは僕たちにも協力させてもらえませんか？　みんなで光いっぱいの公園で遊びましょうよ。お話、聞かせてください」

田丸は里崎の優しく思いやりに満ちた声を静かに聞いていた。里崎は今、川上夫妻に一言の苦言を呈《てい》することもなく、その労をねぎらい、評価し、ともに頑張ろうと励《はげ》ましている。児童相談所が本来クライアントに温かく寄り添う福祉の専門機関であることを里崎がよく理解できていると知って、田丸は嬉《うれ》しくなった。

「今の状況で何をどう頑張るんだよ。追ってくる借金取りをどうするんだよ」

嚙《か》みつく父親に、里崎は表情を曇らせることなく優しい表情のまま言った。

「ということは、お父さんが困っていることの中心は借金ですね。いくつの街金からつまんでるんですか？　十か所以上ですか？」

「いや、そんなにはつまんでないよ。三か所だよ」

「何だ、たったの三か所ですか。じゃあ、借入状況もはっきりしてますね。それなら話が早い。それで、総額どのくらいですか？」

「三百万ほどに膨《ふく》らんじまって……。元は二十万ずつだったんだよ。それがどんどん利子をつけられて……」

「三か所の街金から合計三百万の借金があるんですね。元金六十万だから法定利息を超えてるんでしょ」

「そりゃあ、街金だからな」

「返したいですか？　自己破産という方法もありますけど」

「理由はどうあれ、借りたのは間違いないから、返したいのは山々なんだけどさ」

「わかりました。借金についてはいい弁護士がいますから相談しましょう。法定利息を超える部分は返す必要がありませんから、法律上返す必要のある金額だけ、返済可能な計画を立てて返済しましょう」

「街金が納得するわけないよ」

「街金とは弁護士がきっちり話をつけてくれますから。弁護士費用については心配いりません。借金の返済が終わった後でゆっくり払っていただけばいいですから」

「そんなことができるのか？　結局弁護士料が無茶苦茶《むちゃくちゃ》高いんじゃないのか？」

「そんな弁護士を児童相談所が紹介するわけないでしょう。その辺りのことも弁護士のところに行けばちゃんと説明してくれますよ。僕も一緒に行きますから安心してください。もちろん納得がいかないようなら断っていただいて結構です。どうされますか?」

「わかった。行くよ」

「ありがとうございます。早速明日にでも手配しますね。あと仕事は何かなさってるんですか?」

「今は何もしてねえよ……。借金取りに見つかったら大変だから、外にはほとんど出られねえから」

「じゃあ、借金の問題が片づけば、仕事はできますよね」

「もちろん。でも、この年で何の資格もないから……」

「運転免許は持ってますか?」

「ああ、ただの普通免許だぞ……」

「十分です。有効期限切れてませんよね」

「ああ。あと一年ほどあったと思うよ」

「わかりました。じゃあ、仕事についても一緒に探しましょう。もし、お母さんも落ち着いてからアルバイトをしたいということでしたら、保育所の手配も含めて私たちが相談に乗りますから遠慮なく言ってください」

「そんなことまで、考えてもらえるのか? でも、保育所は費用が高いんだろ?」

「保育所の費用は所得によって違いますから、それほどかからないと思いますよ。お母さんのアルバイトの月収と、保育料を比べてどっちが得かを考えればいいんですよ。もちろん、まだ先の話ですから焦って考える必要はないですよ。順番にゆっくり問題を解決していきましょう」

「わ、わかった。で、でも本当に借金は大丈夫なのか？　恐ろしい取り立てはなくなるんだろうか？」

「大丈夫です。これまでも何人もの人に同じことをやってきてますから。弁護士が相手にきっちりと話をして、返済計画を立てますから、無茶な取り立てはできなくなります。心配しないでください」

「弁護士に相談できるなんて思ってもみなかったから……。本当に隠れ住まなくても大丈夫なんだな？」

里崎は黙って優しく微笑みかけた。そして、これまでの生活歴について二人からゆっくりと話を聞いた。

川上義信と妻の聡子は高校を卒業後、自動車のディーラーに就職した。聡子は川上の一年後輩だったそうだ。川上は営業を、聡子は受付をしていた。育った県は違ったが、二人とも一人っ子で、母子家庭と父子家庭という境遇で育った。会社の飲み会でたまたま席が隣同士になり、互いの境遇が似ていたことから話が弾みすぐに仲良くなった。一年後には川上の母が他界し、二年後には聡子の父が他界した。二人はお互いに天涯孤独《てんがいこどく》になり、一層引かれ合うようになった。

結婚後、暫《しばら》くは順調な生活が続いた。聡子は桃華を妊娠すると専業主婦になり、出産後は家事と育児に専念した。川上も家庭を支えるために懸命に働いたが、元来の内気で話下手な性格が災いして営業成績はどうしても上がらなかった。そのせいで上司から激しいパワハラを受けるようになり、次第に川上の心がきしみを上げるようになっていった。

心配をかけまいと聡子に相談することもできなかった川上は、ついにパワハラに耐えられなくなり、聡子に内緒で会社を辞めてしまった。会社を辞めたことを言い出すことができず、川上は、毎日普通に家を出て再就職先を探したが見つからず、結局、給料日に街金からお金を借りるようになった。そんなことが三か月続き、三か所の街金から六十万の借金をした。すぐに借金取りが家に押しかけるようになり、すべては聡子の知るところとなった。

川上は簡単なアルバイトで利子だけを返す生活をしていたが返済が追いつかず、借金取りに聡子を風俗で働かせろと言われるまで追い詰められていった。そんな時、川上が街で交通事故に遭《あ》った。幸いかすり傷で済んだ。ぶつかった相手の運転手は会社を経営している男で、スピード違反がかさんでいたため、どうしても事故扱いにしたくないという事情があった。五十万で示談《じだん》にしてほしいという話になり、川上はその話に飛びついた。

川上と聡子はその五十万を握りしめ夜逃げをし、土地勘のあった聡子の地元に逃げ延びてきたのだった。そして、今日までひたすら息を潜《ひそ》めて隠れ住んでいたのである。

里崎の横で川上の話を聞いていた田丸は、何ともやり切れない思いに包まれていた。川上夫妻はどこにでもいる普通の夫婦だったからだ。慎《つつ》ましいながらもまじめに働き一生懸命子どもを育てようとしていた普通の夫婦だった。自分たちとほとんど何も変わらない人が、職場で上司に恵まれなかっただけで社会から弾き出され、あっという間に想像もできないほどの劣悪な環境での生活を強《し》いられるようになってしまった。その現実が恐ろしく、悲しかった。社会は、あまりにも冷酷《れいこく》なのだ。

歯車として回っている間は居場所を与えられるが、歯車からひとたび外れてしまうと、社会のどこにも自分たちの居場所はなくなってしまう。そんな現代社会の冷酷さを田丸は改めて突きつけられた気がしていた。

虐待をする人が自分たちとはかけ離れた人たちだという思いが、世間では根強い。しかし、それは大きな誤りであることを、田丸はこのケースからも感じさせられた。当たり前の生活がある日突然当たり前ではなくなる魔の瞬間が社会には満ち満ちている。そうした魔の瞬間はいつ、誰のもとに訪れるかは全く予想ができない。安定しているように思える生活も、実は細いロープの上を渡っているような不安定なものにすぎないのだと田丸は痛感した。

一方で里崎は、この家族をもう一度社会に繋《つな》ぎたい。桃華ちゃんを明るい陽射しの下《もと》で思い切り遊ばせてあげたい。そう強く思っていた。体の芯から大きなエネルギーが溢《あふ》れてきているのを感じていた。

「里崎さん、田丸さん、ご両親と一緒にこっちに来てくれるかな」

薄暗いホールに宮本ドクターの声が響いた。里崎は両親の目を見つめると黙って頷《うなず》き、二人を診療室へと案内した。

診療室に入ると、すぐに宮本ドクターが二人の子どもの様子を両親に説明し始めた。

「まず、菜々ちゃんはとても元気です。感染症に罹患《りかん》している様子もありません。沐浴《もくよく》を済ませた後、ミルクを飲んで、今は眠っています。念のため、暫《しばら》く様子を見させてください。お姉ちゃんの桃華ちゃんですが、多分、ダニが媒介する感染症の日本紅斑熱《にほんこうはんねつ》にかかっていると思われます。血液検査の結果を待たなければ確定はできませんが、とりあえずテトラサイクリン系の抗生物質を投与して様子を見ますから暫く入院してもらうことになります。ほかの感染症を併発《へいはつ》しなければ、容態は落ち着いてくると思います。何かご質問はありますか？」

「あ、あの桃華は大丈夫なんでしょうか？　治るんですか？」

聡子が心配そうに尋ねた。

「まだ、予断は許しませんが、数日のうちには様子がわかってくると思います。紅斑熱だけなら薬が効いてくるはずですから、心配ありません。今のところそれ以上は何とも言えません」

「先生、ど、どうかよろしくお願いします」

川上は宮本ドクターの手の平を両手で強く握りしめながら懇願《こんがん》した。

「はい。万全は尽くしますから。どうされますか？　二人とも眠ってますが、お会いになりますか」

「はい、お願いします」

宮本ドクターに連れられ、川上夫妻は菜々と桃華、それぞれの病室を見舞った。菜々は見違えるように綺麗《きれい》になっていた。どす黒かった顔の汚れが落ち、如何《いか》にも健康そうな明るい紅色をした美しい肌が甦《よみがえ》っていた。ミルクをいっぱい飲んで満足したのだろう。幸せそうな顔をしてすやすやと眠っていた。その様子を見て、母はその場に泣き崩れた。

「菜々ちゃん、ごめんね。ごめんね」

「お母さん、これから一緒に頑張りましょう」

田丸が聡子の背中を優しくさすりながら囁《ささや》いた。聡子はなかなか菜々のベッドの傍《そば》から離れようとしなかったが、暫くすると気持ちが落ち着いたのか、宮本ドクターの顔をしっかりと見つめ、深々と頭を下げた。

一行は桃華の病室へと移動した。桃華は熱が高いせいで、呼吸も速く、とても辛そうな様子だった。シャワーを浴びることはできなかったが、綺麗なトレーナーに着替えさせてもらっていたので、幾分小綺麗《いくぶんこぎれい》に感じられた。

「先生、桃華は大丈夫なんでしょうか？」

聡子が心配そうに尋ねた。

「最善は尽くしています。先ほども申し上げましたが、今の段階では何とも言えません。血液検査の結果、診断が確定できれば、もう少しはっきりしたお返事ができると思います。明後日には報告ができるかと」

「何とかよろしくお願いします。私たちのせいでこんなことに……。桃華を助けてください。お願いします」

「心配だとは思いますが、お子さんたちのことは、私たちに任せて、お父さんとお母さんは里崎さんや田丸さんたちと協力して、一日でも早くお子さんたちと一緒に生活できるように頑張ってください」

「はい……」

「お電話をお持ちじゃないと伺《うかが》いましたので、お子さんたちの容態については里崎さんたちを通じてお伝えします。それから、この搾乳器《さくにゅうき》をお貸しします。お母さんはお乳が張ってくると思いますから、その際にはこれを使ってお乳を搾《しぼ》ってください」

川上夫妻は不安な表情をしながらも、宮本ドクターに深々と頭を下げた。里崎が、落ち込む夫妻に静かに話しかけた。

「お父さん、お母さん、お家《うち》までお送りします。明日、十時頃に僕がお家に伺いますから、一緒に弁護士のところに相談に行きましょう。必ず、上手くいきます。頑張りましょう」

川上と聡子は黙って頷《うなず》いた。精も根も尽き果てた様子だった。里崎と田丸は、抜け殻のようになった二人を車で自宅へと送っていった。エンジンとタイヤが路面を這《は》う音だけが暗い車内に響いていた。重い空気が満ちた車内で、里崎は何かを話さないといけないのではないかと思ったが、何を話すべきか全く思いつかなかった。漫《そぞ》ろな思いで田丸を見ると、落ち着いた様子で黙って助手席に座っていた。その横顔は、何も話さなくていいのだと里崎に語っているようだった。

二人を自宅前まで送り届けると、別れ際に里崎が口を開いた。

「お子さんたちは、お父さん、お母さんに会いたいと願うに違いありません。一日でも早く子どもたちがここに戻ってこられるように、明日から一緒に頑張りましょう」

そう言うと里崎は笑顔を浮かべ、川上と聡子の手をしっかりと握って握手を交《か》わした。川上と聡子は里崎の目をじっと見つめ、小さくお辞儀《じぎ》をして自宅に姿を消した。真っ黒なアスファルトを青く冴《さ》えた月明かりが照らしていた。

田丸は里崎の肩を叩《たた》くと、一言、「お疲れ様」と声をかけた。

事務所に戻ると、みんなが里崎たちの帰りを待っていた。時計を見ると、十一時半を少し過ぎていた。長い、長い一日だった。

里崎が自宅のドアの前に立ったときには、もうすっかり日が変わっていた。服を脱ぎ、すぐに浴室に飛び込んだ。熱いシャワーを浴びていると、自分がずいぶん疲れていることがよくわかった。それでも、これから川上さんたち家族を支援するのだと思うと、体を洗う指先や腕に力が湧《わ》いてくるのだった。

里崎はソファーに座ってドライヤーで髪を乾かし始めたが、強い睡魔に襲《おそ》われ、何度もドライヤーが手から滑り落ちた。

やっとの思いで布団に転がり込み睡魔に身を委《ゆだ》ねようとしたとき、里崎は不意に胸が締めつけられるような感覚に襲われた。過酷《かこく》な運命を背負わされている多くの子どもたちのことが胸に去来《きょらい》したのだ。同じようにこの世に生を受けながら、どうしてこれほど違った人生を子どもたちが歩まなくてはならないのか。

子どもは親を選べない。その言葉が何度も何度も心の奥底から浮かんでくるのだった。自分にどれほどのことができるのかはわからない。でも、あの子たちのために何かをしてあげたい。何かをしなければならない。涙が幾筋《いくすじ》も流れてゆく。この一年、里崎は何度も泣いた。しかし、その涙を吸って強い意志が根を張り芽を出し今の里崎を作り上げてきた。里崎はただの泣き虫から、涙を力に変えるワーカーとして全力でクライアントと向き合っていた。自分たちが諦《あきら》めずに支援を続けることで、過酷な環境で生活する子どもたちに温かい家庭を知ってもらうことができるかもしれない。

諦めるわけにはいかない。里崎には明日を信じる覚悟があった。

繋《つな》ぐ

翌日、里崎は事務所に着くとすぐに公用車に乗り、川上夫妻の家に向かった。

川上家の戸の前に立つと、里崎は少し緊張した。昨夜、司馬と一緒にこの戸を抉《こ》じ開けたことを思い出すと、声をかけて川上が出てきてくれるのか不安だった。里崎はおそるおそる戸を叩《たた》き声をかけた。

「川上さん、おはようございます。里崎です」

すぐに人が戸に近づいてくる気配が感じられた。鍵を開ける音がして、戸がゆっくりと開き、中から川上が少し恥ずかしそうな雰囲気《ふんいき》で顔を出した。川上のその表情を見て里崎はホッとした。この人は我々と一緒に前に進もうと考えてくれている。そう感じられたからだ。

「あの、借金の方は本当に何とかなるんですか？」

いま一つ信じられないという表情で川上が尋ねた。一夜明けて落ち着いたのか、川上の物腰はとても柔らかだった。里崎は、川上の不安を打ち消すような笑顔で黙って頷《うなず》いた。里崎の笑顔を見て、川上も笑顔になった。里崎が今日の予定を川上に伝えると、彼は素直に了承した。

まず、川上を連れて弁護士のもとに赴《おもむ》き、借金の適正返済のための手続きを行った。弁護士は慣れた様子で川上から状況を確認すると、早速街金に電話をし、脅迫《きょうはく》まがいの取り立てを行わないよう話をつけてしまった。

次に里崎は川上を連れて市役所に行き、住民票異動の手続きを説明し、できるだけ早く異動するように指導した。川上自身は急ぐ必要はないと考えていたようだが、住民票を移せば、市役所から一時的な国民健康保険証が交付されること、生まれたばかりの菜々には乳幼児医療券が交付され、就学までの医療費が無料になることを聞かされ、急ぐべきだと理解した様子であった。

午後からは、市役所の児童福祉担当者の手助けを得て、あの酷《ひど》い状況の部屋の掃除に取り掛かった。この掃除には里崎の提案で、家主の佐藤も参加することになった。難しい家主なら、あの部屋を見れば川上夫妻を追い出すところだが、人情の厚い佐藤の人柄を見込んで里崎は彼女に掃除を手伝ってもらおうと考えた。

佐藤なら、一緒に部屋を掃除する中で、川上夫妻の信頼を得ることができると思ったからだ。佐藤への信頼感を高めてもらい、家族以外の相談相手を作ることで、川上夫妻が社会と再び繋《つな》がっていくための大きな力になってもらおうと里崎は考えていた。

はじめのうち、川上夫妻は、部屋を汚してしまった罪悪感から佐藤と目を合わすことができなかった。しかし、佐藤の持ち前の温かさが次第に川上夫妻の緊張感をほぐし、話が弾むようになっていった。

掃除の途中で、里崎は川上を連れてリサイクルショップに行った。洗濯機と掃除機を買うと、次はドラッグストアに寄り、石鹸《せっけん》・洗剤類、燻煙《くんえん》式殺虫剤と虱《しらみ》退治用のスミスリンシャンプーを買った。買い物をしながらいろいろな話をしたことで、川上はさらに里崎に心を開くようになった。これも、里崎の狙いの一つだった。

里崎は買い物から戻ると、川上と聡子に虱の退治の仕方を説明した。シャンプーは幼虫や成虫には効果があるが、卵にはほとんど効果がないこと。遅れて孵化《ふか》してくる幼虫を殺していくために四日ごとにスミスリンシャンプーを使用して、それを三、四回繰り返す必要があることなど詳しく説明した。夫妻は何度も頷《うなず》きながら、真剣な表情で里崎の説明を聞いていた。これから仕事を探す上でも虱退治が最優先の課題であることを二人もよくわかっている様子だった。

翌日、夫妻はお風呂に入りスミスリンシャンプーもしたらしく、見違えるほど小綺麗《こぎれい》になっていた。部屋には洗濯された洋服が干されていた。その中には桃華のものらしい小さな子ども服も含まれていた。里崎は、この人たちはやはりごくごく普通の夫婦なのだということを改めて強く認識した。ズタズタに壊れていた生活が少しずつ、少しずつ形を取り戻そうとしている。それはまるでバラバラに砕《くだ》けたジグソーパズルが徐々に繋がれていくようだった。

結局、掃除は八人がかりで三日間かかったが、日ごとに綺麗《きれい》になっていく部屋の様子と比例して川上夫妻の表情が明るくなっていくのが里崎には嬉《うれ》しかった。そして、この三日間の掃除を通して、佐藤と川上夫妻はまるで本当の親子のように仲良くなっていた。その光景はとても微笑ましく、里崎に確かな手応えを与えていた。

部屋の掃除が終わろうとしていたとき、里崎の携帯が鳴った。宮本ドクターからだった。桃華は熱が下がり、容態も安定しており、菜々も元気で感染症に罹患《りかん》している心配もなさそうなので、両親に面会してもらってもいいということだった。里崎は早速事務所に連絡し、両親を明日、医大に連れていき、子どもたちと面会させたいと伝えた。暫《しば》くして長谷部課長から電話があり、面会を許可するという回答が来た。ただし、念のため付き添いの人数を増やすようにとの指示が加えられた。川上の態度が豹変《ひょうへん》し、子どもが強引に連れ去られる事態を防ぐためである。

里崎が両親に子どもたちの状況と、明日の面会について伝えると、二人の表情はパッと明るくなった。

「ありがとうございます。里崎さん、本当にありがとうございます」

夫妻は何度も里崎に頭を下げて礼を言った。二人は、桃華の回復を聞いて本当に安心した様子だった。

「ただ、明日すぐにお子さんたちを連れて帰ってもらうわけにはいきません。生活の目途《めど》が立つまでは一時保護所でお預かりすることになります。その点はご了承願います」

「わかりました」

「大丈夫です。順調に進んでますから、そんなに遠い話ではありませんから。お父さんは所持金が四十万ほど残っていますよね。当座の生活費は確保できているわけですから、菜々ちゃんについては、衛生面の心配がなくなれば、早い段階で家庭復帰できると思います」

「桃華は駄目《だめ》ですか？」

夫妻が声を揃《そろ》えて尋ねた。

「桃華ちゃんについては小学校の入学手続きを行いますが、それ以外にも一時保護中に発達の状況などを確認させてください。児童心理司の田丸が桃華ちゃんに発達検査を行って、今の桃華ちゃんの発育状況を確認するようにします。並行して授業の進み具合の確認など、小学校との調整を僕と田丸で行います。それから、スムーズに入校できるように、発達検査の結果を参考にしながら、一時保護所で桃華ちゃんに勉強を教えるようにします。よろしいですか？」

「そういうことですか。そこまでやってもらえるんですね……」

「最終的には事務所の会議で決定しますが、三、四週間ほどで桃華ちゃんの一時保護も解除できると思います。その間にお父さんとお母さんには小学校の校長先生や地域の民生委員、主任児童委員といった町の相談役といえる人と顔繋《つな》ぎをしてもらいます」

「わかりました」

「慣れない街でこれから生活していくわけですから、困ったときにはその人たちに何でも相談してください。それと、お父さんにはハローワークに僕と一緒に行ってもらいたいんです。アルバイトでもいいですから、仕事を探しませんか?」

「わ、わかりました。い、忙しいですね」

「ええ、忙しいですよ。頑張って一日でも早くお子さんが帰れるようにしましょう。では、明日、田丸と僕が十時頃に迎えに来ますから一緒に医大に行きましょう」

「ありがとうございます。よろしくお願いします」


次の日、医大病院の一室で泣きながら桃華を抱きしめる川上夫妻の姿があった。お風呂に入り、髪もシャンプーしてもらってすっかり綺麗《きれい》になった桃華の屈託《くったく》のない笑顔が、夫妻の心を揺《ゆ》さぶったようだった。こんな小さな子どもに風呂にも入れない生活を強《し》いていたことがどれほどかわいそうなことだったのか。冷静に判断ができるようになった今、夫妻は胸を締めつけられるような思いでただただ桃華を泣きながら抱きしめていた。

「ごめんね、桃華。ごめんね……」

桃華は、両親が泣いている理由がわからず少し困惑しているようだった。

「お父さん、お母さん、どうして泣いてるの? どうして桃華に謝るの? 桃華、何も嫌なことされてないよ……」

桃華の言葉に両親は一層胸を締めつけられたようで、さらに強く桃華を抱きしめるのだった。

その様子を見ていた里崎が不意に病室から出ていった。不思議に思った田丸が里崎を追って外に出ると、廊下で静かに泣いている里崎の姿があった。

「何であんたまで泣くのよ、まったく……」

田丸が、またかという表情で里崎に言った。

「だって、嬉《うれ》しいじゃないか。ほんとに良かったなって思ったら、泣けてきて……」

「やっぱり、あなたは間違いなく向いてるわね、児相に」

田丸は微笑みながら里崎の肩をポンと叩《たた》いた。

「気が済んだら戻ってきてね。菜々ちゃんの部屋に行くんだから」

「う、うん。わかった」

田丸は、川上夫妻と桃華、それから赤い目をした里崎を連れて菜々の部屋に移動した。聡子は、ドクターの許可を得るとすぐに菜々を抱き上げた。まるで失われた体の一部を取り戻したかのように、大切に、そして愛《いと》おしそうに菜々を胸に抱いた。それから、家族は看護師にいざなわれ、揃《そろ》って授乳室に姿を消した。その様子を見て里崎がまたしてもエモーショナルになっている様子だった。

「もう駄目《だめ》よ！」

「わ、わかってるよ」

里崎の頬《ほお》を涙が伝っていた。

「だから、駄目《だめ》だって言ってるのに……」

「だから、わかってるよ……」

暫《しばら》くすると、母乳をいっぱい飲んで、満足げな顔をした菜々を連れて家族四人が授乳室から出てきた。この面会で、夫妻は何としても生活を早く立て直そうという強い思いを持ったようだった。

翌日から川上は精力的に就職活動を開始した。ハローワークに通いつめ、次々と面接を受けた。その間、菜々は家庭に引き取られることになり、川上の職探しも一層熱を帯《お》びた。そして、たった十日ほどでついに家から自転車で半時間ほどの場所にある郊外型の洋服量販店に職を得た。最初はアルバイトからだが、仕事ぶりによっては三か月で非常勤社員になれ、順調にいけば、半年で正社員になれるという店だった。川上は、慣れない洋服の棚卸《たなおろし》や在庫管理など懸命にこなした。

一方で、里崎は市役所と民生委員、主任児童委員、大家の佐藤、小学校の校長たちを集めて個別ケース検討会議を開き、川上夫妻を地域で支えるためのケアネットをきっちりと構築していった。

田丸が桃華に行ったＷＩＳＣ-Ⅳ《ウィスクフォー》発達検査の結果、全検査ＩＱは九十六で、若干の経験不足はあるが平均的な発達状況であることがわかった。その結果を受け、一時保護所において桃華の就学に向けたプログラムが組まれ、登校準備も着々と進んでいった。

そして、立ち入り調査から四週間ほど経過したある日、川上夫妻は中央子ども家庭センターに来所していた。桃華を一時保護所から引き取るためである。所長室で待機していた夫妻と里崎のもとに、田丸が桃華を連れて現れた。

保護したときには泥だらけだった白い服が純白の輝きを取り戻し、桃華を包み込んでいた。

「お母さん、お父さん！」

桃華が満面の笑みを浮かべて両親のもとに走り寄ってきた。里崎はその様子を感動しながら見守っていた。田丸も嬉《うれ》しそうに笑っていたが、時折《ときおり》、里崎に刺すような視線を投げかけていた。その目は里崎に「泣くんじゃないわよ！」と無言のプレッシャーを与えていた。

バス停に向かって歩いていく川上ファミリーの後ろ姿を見つめながら、里崎はぽつりと田丸に呟《つぶや》いた。

「いい仕事だよな。児相の仕事って……」

「そうね。しんどいけど、いい仕事だよね……」

爽《さわ》やかな春風が里崎の頬《ほお》を撫《な》でながら流れていく。中央子ども家庭センターの入り口にある大きな桜は美しい黄緑色の若葉を茂らせている。山々も明るい萌黄《もえぎ》色をした春の衣装に包まれていた。まるで川上ファミリーの新しい出発を祝うかのように。

三日後、里崎は川上家の玄関前に立っていた。

「こんにちは、里崎です」

「……」

「おかしいな。留守なのかな？　仕方ないな。時間を潰《つぶ》して待つか」

里崎は、あの幽霊騒動の発端《ほったん》となった公園に足を向けた。公園に近づくと、子どものはしゃぐ声が聞こえてきた。

公園が見えるところまで歩みを進めた里崎の足が突然動かなくなった。

眩《まばゆ》いばかりの明るい陽射しを浴びて葉を輝かせる木々に囲まれた公園の中を、大声を上げ、はしゃぎながら元気に走り回っている桃華の姿と、元気な桃華を優しい眼差《まなざ》しで嬉《うれ》しそうに見つめる母の姿が目に飛び込んできたからだ。桃華と、母と、ベビーカーに乗った菜々が輝く太陽の光の中に全身を委《ゆだ》ねている姿は、どこにでもある普通の親子の姿だった。この普通の家族の景色が、どれほど貴重なものか、里崎にはよくわかっていた。里崎は、大きな感動を胸に、その様子を食い入るように見つめていたが、すぐに親子の姿も、美しい公園の景色も形をなくして輝く色水《いろみず》になってしまった。

里崎は親子に声はかけず、踵《きびす》を返して元来た道を帰っていった。今日は邪魔《じゃま》しないでおこう、また、明日来ればいい。

一つの家庭が光を取り戻した瞬間を見た気がした。良かった、本当に良かった。里崎は心の中で何度もそう呟《つぶや》きながら、ハンカチを目に当て事務所へと戻っていった。最も過酷《かこく》で、最も素晴らしい不思議な仕事に身を投じる決意を胸に。

植木鉢《うえきばち》

「まったくもう！　里崎君、何度言ったらわかるのよ！　相手がどんなに興奮して酷《ひど》いこと言ってきても、こっちが同じテンションで怒っちゃ駄目《だめ》だって言ってるでしょ！」

小会議室に田丸が里崎を叱咤《しった》する声が響いていた。

「で、でも、いくら何でも言いすぎだろ！　死ねとか、馬鹿面しやがってとか！」

「相手の挑発に乗って不用意な発言をしたら、そこに付け込まれるわよ。すぐに人権侵害だなんだって話にすり替えられるんだから。何言われても聞き流して冷静に話をするの！　わかった!?」

「わかってるよ！　頭では！　でも、ずっと酷い罵詈雑言《ばりぞうごん》を浴びせられたら腹も立つよ！」

「だからいつも言ってるでしょ。虐待してしまってる人は、その人自身も子どもの頃酷い虐待に遭《あ》ってる人が多いって。酷い言葉をかけられて育ってきたんだから、ボキャブラリーもそういう酷い言葉が中心になっちゃうのよ。相手の育った境遇に共感できてれば、そんなに腹が立ったりしないものよ」

「それも十分わかってるよ……でも……」

「でもじゃない！　安っぽいプライドは捨ててちょうだい！」

「別にプライドとかそういう話じゃ……」

「こっちがテンションを上げなかったら、必ず、相手も落ち着いてくるから。そしたら相手の話に共感しながらも、駄目《だめ》なものは駄目だと説明するの。法律で決まってて仕方ないって感じで、法律のせいにしながらでいいからって、何度も練習してるでしょ。いい？　大声出せばどうにかなると思ってる相手が多いから、どんなに大声出しても崩せない壁を体験させてあげなきゃ駄目よ。それを体験してもらわないと、こっちの土俵には乗ってこないんだから」

「難しいんだよ！　怒らず冷静に話を聞いて、相手に壁を体験させて、土俵に乗ってきたら相手の生活歴に十分に共感して相手の気持ちを癒していく。何度も何度も言われてるから頭ではわかってるさ。でもどうにも難しいんだよ！」

「難しくても、自然にできるまで何度でもやるの！　じゃあ、もう一回いくわよ」

「まだやるのかよ……」

「当たり前でしょ！　気合い入れて！」

「はい、はい、わかりましたよ。ただ、ロールの相手が、緑川さんと後藤さんのペアのときには芝居じゃない悪意を感じるんだよね。実際の面接場面じゃ、あそこまでの悪意は感じないんだよな～」

里崎は不満げに言った。

「失礼ですね！　折角《せっかく》迫真の演技でロールをしてあげてるのに！」

緑川が眉間《みけん》に深い皺《しわ》を刻みながら言った。

「そうですぅ～。私たちだって里崎さんのロールの相手なんかしたくないんですぅ～。でも、里崎さんの面接スキルが断トツで低いから、かわいそうに思って付き合ってあげてるんですよ～。ほんと、感じ悪いですぅ～」

後藤がとても面倒臭そうに言った。

「あ～あ～、悪うございましたね、面接が下手くそで！　ったく！」

時間が許す限りワーカーたちは、面接のロールプレイなどさまざまな研修を行っていた。里崎にとってこのロールプレイは何度やっても慣れないストレスフルなものだった。特に田丸の指導は厳しく、面接中の里崎の表情から話す言葉の一字一句まで鋭くチェックが入った。

ひっきりなしに続く虐待通告への対応のノウハウを日々、厳しく仕込まれながら、その合間に行われるリアルなロールプレイによって、里崎の調査能力や面接技能は徐々に鍛えられてはきたが、それでも事務屋の里崎には、ひたすら前を向き走り続ける以外の道は用意されていなかった。悠長《ゆうちょう》に考える暇など全く与えられなかった。無我夢中で走り続ける、それが里崎にとっての児童相談所での日常なのだ。

季節は瞬《またた》く間に爽《さわ》やかな春から蒸し暑い夏へと変わっていった。

八月。世界は陽炎《かげろう》に覆《おお》われ、クマゼミが猛烈なシュプレヒコールを上げている。絶え間なく鼓膜を揺《ゆ》さぶる大合唱が、脳内に大量のカテコールアミンをばら撒《ま》くせいか、息苦しいような蒸し暑さがさらに助長《じょちょう》された。

クマゼミたちの騒音の雨から逃れるように、里崎が事務所に逃げ込むと、そこでは電話のベルが気の狂った巨大な鈴虫のようにけたたましく鳴いていた。静けさとは無縁の夏の児童相談所。

「ったく、二十八度の冷房っていうのは冷房なんですかね？　どうも暖房のような気がして。こう暑いと何もやる気がしないな」

暑さに苛《いら》ついている里崎を嗜《たしな》めるように田丸が口を開いた。

「そういう、愚痴《ぐち》を聞かされると余計に暑くなるでしょ。心頭滅却《しんとうめっきゃく》すれば火もまた涼《すず》し。わかる、里崎ちゃん？」

「わかんないよ。滅却《めっきゃく》なんて無理！　田丸は滅却できるのか？」

「できるわけないでしょ、そんなこと。あ〜、暑い」

「里崎さん、保健所の崎山さんから電話です。ネグレクトかもしれないって言ってます」

「またか。三五九二に電話回して。はい、里崎です。どうも。ご無沙汰《ぶさた》って言いたいけど、またですか。で、今日はどんなケースですか？」

「心配ないかもしれないけど、出産後まだ一度も会えないお母さんがいるのよ。携帯には出ないし、文書出しても反応なし。家庭訪問してもいつも留守。時間を変えて何度か行くんだけど会えなくて。昨日の三か月健診にも来なかった。何か気になるのよ」

「出産したことがわかってるってことは、医療機関で出産してて住民票もあるんですよね。ずっとこっちに住んでる人ですか？」

「うう〜ん、違うのよ。出産後に出生届を市役所に出しにくるでしょ。その時に住民票と合わせて本籍もうちに移したのよ。うちに入ってくる前は北東市に住んでて、本籍もそこだったみたい」

「ずいぶん遠い県からの転入ですね。もともとはこっちの生まれじゃないんですか？」

「違うみたい。本籍はずっと北東市だし過去にうちに住んでた履歴もないわ。履歴上は全くうちと縁がなさそうなのよ。それも気になって」

「出産した病院には健診に行ってるの？」

「駄目《だめ》。出産後一度も病院には行ってない」

「それじゃあ、出産後は病院も、行政も母子に一度も会ってないってこと？」

「そうなのよ。だから気になって」

「母子手帳はどこで？」

「うちで出したの。出生届を持ってきた際に母子手帳を持ってなかったからうちで発行したのよ」

「ということは北東市では妊娠後、医療機関を受診してない可能性もあるよね。確認したの？」

「ごめん。それは確認してない。いろいろ聞いて鬱陶《うっとう》しく思われたら、関わりにくくなると思って」

「わかった。その点はうちから北東市に確認するよ。じゃあ、住所と母子の名前を教えてくれるかな」

「ありがとう。母親は山村鈴子、平成七年六月二十八日生まれの二十一歳。子どもは誠。平成二十八年五月十八日生まれ。住所は山手町三丁目二番地三十五コーポ山手二〇六号室」

「了解。うちで調べてみるよ。何かあったらすぐに連絡してよ。じゃあ……。ずっと聞いてたよな、田丸」

「何で聞いてたって思うのよ？」

「お前はいったんパソコンで記録を打ちだすと、キーが壊れるんじゃないかと思うほど恐ろしい勢いで打ち続けるだろ。でも、俺が電話をしている間は、要所、要所でキーを打つ手が止まってたよ。まるで全身耳って感じで」

「ふ〜ん。電話しながらも、少しは周りの状況に気を配れるようになってるじゃない」

「それで、私の聞き取りに何か手抜かりはありましたでしょうか？」

「いいえ。それより、早く北東市に電話して妊婦健診の受診歴があるか調べなさいよ」

「無茶苦茶《むちゃくちゃ》聞いてるじゃないか！　ほんと俺のこと信用してないな」

「信用してるわよ。私が仕込んだんだから。電話が気になる内容だっただけよ。さっさと調べて」

「わかりましたよ、調べますよ」

里崎が北東市に確認すると、母親の妊娠については一切把握してはいなかった。要するに母親は妊娠してから出産まで一度も病院を受診していないということだった。どんな事情があったのか、出産間近の体で遠く離れた知らない土地に流れてきたのだ。

里崎と田丸の間に不穏な空気が漂っていた。

「里崎君、すぐに出られる？」

「今すぐでございますか？」

「そう、今すぐ。出られる？」

「出ますよ。すぐ出ます」

田丸は、何か強い不安を感じているようだった。

「田丸、病院で出産して住民票もあるんだから、そこまで心配しなくてもいいんじゃないか？」

「そうかもしれないけど、妊婦健診に一度も行かない若い女性っていうのはやっぱり気になるわよ。妊婦健診はどこの市町村も相当な回数を公費負担してくれるのよ。子どもの健康を普通に考えてれば、お金もかからないんだから健診は受けるはずよ。母親が予想していなかったか、望んでいなかった妊娠かもしれないじゃない。だとしたら何としても今私たちが関わっておく必要があるわ」

「そう言われると、そうだな」

「折角《せっかく》、乳幼児健診のネットにかかってくれたんだから、このチャンスを逃しちゃ駄目《だめ》よ。もし、住民票を移さず夜逃げ同然に引っ越されたら、もう誰にも探せない。きっと居所不明児童生徒の仲間入りよ。社会から消えてしまうの。何としても、今、繋《つな》がらないと駄目よ」

「そうだな……。行こう！」

二人は、現場に急いだ。炎天下に放置されていた公用車は、ハンドルが焼けるように熱く、車内には空間が歪《ゆが》んでいるかと感じるほどに茹《ゆ》だった空気が充満していた。熱気が肺を満たし、シートからはお尻と背中をジリジリと焼くような熱が伝わってきた。里崎は、まるで遠赤外線のグリルの中で焼かれているような気分だった。

「調査に行く前に熱中症で倒れそうだな」

「ともかく窓全開にして走って。空気を入れ替えないとエアコンも効かないわ」

真夏の刺すような陽射しに執拗《しつよう》に追い立てられながら里崎は車を走らせた。遥《はる》か前方には真っ青な空の中、山々が背中に巨大な入道雲を背負っているのが見えた。そこにだけ、子どもの頃の懐かしい夏の景色がぽっかりと浮かんでいるようだった。だが、里崎たちの周りにある景色は、すべてのものが強烈な紫外線に焼かれ、歪んでいた。

「それにしても、今日はほんとに暑いな。一体何度あるんだろう？　あった。ここだな、コーポ山手。二階の二〇六号室か」

「行くわよ」

「はい、はい」

二人はコーポの錆《さ》びついた外階段を駆け上がった。

「こんにちは。山村さん、いらっしゃいますか。こんにちは。いないのかな？　里崎君、お母さんの携帯に電話してみて」

「わかりましたよ。今ベルが鳴ってるはず。部屋の中からは何も聞こえないな。いないみたいだな」

部屋はひっそりと静まりかえっていた。二人は暫《しばら》く中の様子を窺《うかが》っていたが、物音ひとつ聞こえず、人の気配も感じられなかった。

「田丸、山村さんかどうかはわからないが、誰かは住んでるみたいだな。電気のメーターもゆっくりだが回ってるから、冷蔵庫ぐらいは置いてありそうだし。窓やドア回りにクモの巣も張ってない」

「そうね。壁に不動産屋の看板が貼ってあったわね。そこに連絡して、不動産屋の場所を確認して。店に行って、今誰が住んでるのか確認しましょう」

「了解」

二人は車で十分ほどの場所にあった不動産屋へと向かった。

「こんにちは。先ほどお電話差し上げました児童相談所の里崎と申しますが」

「あ～、はいはい。どうぞ、こっちに入ってください」

「失礼します」

「支店長の沢村です。コーポ山手の二〇六号室のことでしたね」

「はい、そうなんです。あの部屋にどなたがお住まいか教えていただきたいんですが」

「いや、しかしそれは個人情報になりますからね」

「個人情報保護法ですね。児童虐待に関する調査に情報提供する場合には、個人情報保護法は適用されません」

「ほんとですか？　それ……」

「児童虐待防止法は、虐待の疑いがあるだけでも、通告することを国民に義務づけています。個人情報の保護が優先されては、児童虐待防止法が定める国民の通告義務が果たせなくなりますからね。救えるはずの命が救えなくなってはいけないからです。ですから、その点については安心していただいて結構です。ほかの不動産屋さんにもご協力いただいてますし、後で問題になるようなこともありませんから」

「そ、そうなんですか。そういうことでしたら仕方ありませんね。ええと、二〇六号室は山村さんですね。山村鈴子さん」

「勤務先とかわかりますか？」

「何でも子どもが生まれるから、それまでは勤められないけど、生まれたら行くことになってるって場所は教えてもらってますけど。まあ、今ほんとに勤めてるかどうかはわかりませんよ。ディオールっていうキャバクラで働くってことになってますね」

「勤務先がはっきりしてない人にアパート貸すのって不安じゃありませんでした？」

「もちろん不安でしたけど、妊婦さんで、困ってる様子でしたし、四か月分の家賃を敷金《しききん》と一緒に払うって言うもんだからとりあえずいいかなって」

「なるほど、そうでしたか、どうもありがとうございました」

不動産屋を出た二人は、再び山村の部屋に向かった。正午を少し過ぎていた。

「どうも、お金には困ってないみたいだな」

「そうかなあ。家賃まとめて払ったからってお金あるとは限らないでしょ。川上さんだってそうだったじゃない。高校卒業して仕事してる間にある程度はお金を貯めてたんでしょうね。もしかしたら妊娠が原因で会社を辞めざるを得なかったのかもしれないし。今は貯金を食い潰《つぶ》してるのか、実際にキャバクラで働いてるのか……。どっちにしてもあまり安定した生活をしてるようには思えないんだけどなあ」

「まだ二十一歳の女性だもんな。常識的にそんなにお金持ってるわけないか」

「もし、キャバクラに勤めてるなら出勤前に部屋に戻ってくるかもしれないから、張り込んでみましょう」

「わかった。少し遅くなったけどコンビニで昼飯調達するか？」

「そうね。お昼食べてなかったわね」

二人はアパート近くのコンビニに立ち寄り、店長に虐待の調査をしていることを説明し、暫《しばら》くの間、車を駐車場に止めさせてほしいと依頼した。店長は快く了解してくれたので、二人は少し多めにおにぎりやサンドウィッチを調達すると、歩きながら頬張《ほおば》った。アパート近くで張り込みに適した木陰を見つけると、ひたすら山村の帰りを待った。四時過ぎだった。西に傾いた日を浴びて派手な服装をした一人の女性がアパートに向かって歩いてきた。

「ぽいわね」

「ぽいな」

「でも、赤ちゃんを連れてないから違うかも？」

「確かに……」

女が前を通り過ぎると、二人は何気ない会話をしながら女との距離を詰めた。微妙な距離を保《たも》ちながら後をつけていくと、女はコーポ山手の階段を上り始めた。間違いないだろうと二人は思った。二〇六号室の前に立った瞬間に声をかけ、部屋に入られる前に傍《そば》まで近づくというのが田丸の作戦だった。

女は二階の廊下をだらしなく奥へと進んでいくと、二〇六号室の前で足を止めた。

「すいません～ん」

女は怪訝《けげん》そうな顔つきで田丸たちを見つめた。

「私？　何？」

「こんにちは。山村鈴子さんですね」

田丸の声かけに山村は少しギョッとした表情を見せた。

「え、な、何？　誰よあんたたち」

「私、児童相談所の田丸と申します」

「同じく、里崎と申します」

「じ、児童相談所？　児童相談所が何の用？　どうして私の名前を知ってるのよ！」

「やっぱり、山村鈴子さんだったんですね。ちょっとお聞きしたいことが」

「忙しいのよ。話すことなんかないわよ！」

「保健所から相談を受けて調査に来たんですよ。誠君の健康診査に行ってないですよね。そのことでお話があるんです」

「関係ないでしょ！　帰ってよ！」

「関係なくはないんです。これ、私たちの大切な仕事ですから。誠君の安全が確認できるまでは帰れないんですよ」

「何で帰れないのよ！」

「虐待通告をもらったら四十八時間以内に対象児童の安全を目視により確認するように、条例で決まってますから。場合によっては警察に連絡しないといけないことにもなるんですけど……」

「け、警察……」

「ここじゃ、何ですから中でお話ししませんか？」

「わ、わかったわよ。仕事があるから少しだけよ！」

「ありがとうございます。三十分で済みますから。お邪魔《じゃま》します」

山村鈴子に続いて田丸と里崎が部屋に入った。何とも生活感のない殺風景な部屋だった。田丸の表情が一気に曇った。すぐに元に戻ったが、面接の際に感情を表に出さない田丸がこんな風に表情を曇らせるのを里崎は初めて見た。田丸は何かを感じている。里崎はそう思った。

玄関を入るとすぐに流し台とガスコンロのある小さなフローリングのキッチンがあり、その部屋の右奥にはユニットバスの入り口らしき樹脂製のドアがあった。キッチンの奥には六畳ほどのリビングとベランダが見えた。リビングには小さな炬燵《こたつ》机と無造作に化粧品が押し込まれた小さなカラーボックスがぽつんと置いてあり、その上に指紋だらけの大きめの鏡が乗せられていた。

鈴子は、炬燵机に鞄《かばん》を乗せると、そそくさと傍《かたわ》らに座った。

「そこに座って」

里崎と田丸は机を挟んで鈴子の向かいに座った。

「それで、何なの？」

「お母さん、誠君の一か月健診を病院で受診してませんよね。それと、昨日保健所であった三か月健診も受診してないでしょ」

「忙しかっただけよ」

「保健所の保健師が誠君とお母さんのことを心配して何度も家庭訪問したらしいんですが、お会いできなかったそうなんです。それで心配してうちに連絡があったものですから、今日、こうしてお伺《うかが》いした次第です。見たところ、子育てをされてる様子がないんですけど、誠君はどこに？」

鈴子は、落ち着かない様子だった。

「預けてるのよ」

「誰に預けてるんですか？　じゃあ、母乳はそこまで行ってあげてるんですか？　この時期、お乳が張ってくるから大変ですよね？」

「わ、私はもともと母乳は出にくいからミルクで育ててるの。だからそんな心配いらないのよ！　だいたい、そんなことあんたに関係ないでしょ！」

「ですから、関係あるんですよ。誠君の無事を確認しないと帰れないんですよ。条例で決まってることですから、私たちには逆らえませんから。どこに預けてるんですか？」

「……」

田丸は言葉遣いを少しカジュアルにして、話を変えることにした。

「誠君のお父さんはどこに？」

「ええ？　父親？　知らないわよそんなもん！」

「知らないってわけないでしょ。戸籍上名前が入れられなくても、心当たりがあるはずでしょ。養育費とかもらってるの？」

「自分の子だって認めもしないような男が養育費なんかくれるわけないでしょ！　馬鹿じゃないの！」

「やっぱりわかってるんじゃないの。会社の人？」

鈴子は、黙って頷《うなず》いた。

「相手が自分の子どもだって認めたくないような関係だった？」

「え、ええ、そうよ！　不倫よ不倫！　奥さんと別れるって言ってたくせに、子どもができたら急に態度豹変《ひょうへん》させやがってあの野郎！　思い出したら腹が立つわ！」

「でも、中絶しようとは思わなかった。好きだったのよねその人のことが。だから中絶できなかった……」

「わかったようなこと言ってんじゃないわよ！　あんたに何がわかんのよ！」

「わからないわよ。だから聞いてるのよ。力になりたいのよ。母子家庭なら児童扶養手当とか利用できる制度もあるから、そういう制度を利用して生活安定させた方がいいでしょ。協力させてほしいのよ」

「ほっといてよ！」

「だから、ほっとけないのよ仕事だから」

「ほら見ろ！　心配してるようなふりして、仕事なんじゃねえかよ！」

「そうよ。仕事よ。でも私はこの仕事が大好きなの」

「ちっ！」

「ねえ、何があったの？　出産間近の身重《みおも》な体で、北東市からわざわざこんな遠くまで引っ越してきたんだから、理由があるんでしょ。話してよ」

「……。会社の上司だったんだよ。優しくてさ。私は父親が早くに死んでほとんど記憶がないから、最初は父親みたいに感じてたんだ。でもだんだん好きになって……。気がついたらそういう関係になってた。離婚して私と結婚してくれるって言ってたのよ」

「信じてたのね」

　鈴子は小さく頷いた。

「もともと生理不順で何か月も生理がないこともよくあったから、気づくのも遅かったの。お腹ってなかなか大きくなってこないでしょ。まさかって思ってたけどだんだんお腹が大きくなってきたから。嬉《うれ》しかったのよ最初は……。でも、彼に話したら自分の子かどうかわからないって言ったのよ、あいつ！」

鈴子は、少し興奮して語気を強めた。

「そう。そうだったの」

「堕《お》ろそうかとも思ったわ。でも、産婦人科に電話して聞いたら、相手の男の同意をもらってこいって言われて。相手は自分の子どもじゃないって言ってるのに、同意書にサインなんかするわけないじゃない。どうしようか悩んでるうちに堕ろせない時期になっちゃって……」

「辛かったね……」

「お腹もだんだん目立つようになってきて、会社にも、町にも居づらくなって。どっか誰も知らない遠いところに行って産むしかないって思ったのよ。ネットでいろいろ調べてて、今行ってるキャバクラに写真送ったら出産後に雇ってくれるって言うから……。それでここまで来たのよ」

「お母さんには相談したの？」

「あんな女。私が高校の頃にどこかの男の家に出入りするようになって、滅多に家に帰ってこなくなって。気がついたらいなくなってたわ。アパートの家賃も、高校の費用も途中から全部私がバイトして払ったのよ！　私、身寄りがないから、就職のときだって、担任が保証人になってくれてやっと就職できたんだから」

「そう。苦労したのね。ずっと一人で頑張ってきたんだ。偉かったね。そこまで頑張ってきたんだから、これからは私たちにもちょっとお手伝いさせてよ。知り合いもいないこの町で一人で生きていくのは大変でしょ。ちょっとだけ手伝わせてほしいのよ。誠君はどこ？」

「だから、預けてるって……」

「誰に？」

「友達よ」

「身寄りがないって言ってたもんね。じゃあ、その友達の名前と住所教えてくれるかな？」

「何で、そんなことまで教えないといけないのよ！　友達に迷惑かけることになったら嫌なのよ。もういいでしょ！　誠は友達の家にいるんだから、それがわかればいいじゃない！仕事があるの。忙しいから、もう帰ってよ！」

　里崎は田丸の横に座って、黙ってこの問答を聞いていた。鈴子は、田丸が誠のことに触れると明らかに苛立《いらだ》っている様子だった。苛立っているのか、それとも不安の裏返しなのか。何かがある。何かが。里崎は漠然《ばくぜん》とした不安を感じていた。

「何度も言うけど、誠君の顔を見るまでは帰れないんだって。私たちも法律には縛《しば》られてるから、どうしようもないの。友達は、近くに住んでるの？　それともよその府県に住んでるの？　連絡先を教えてくれれば、あとは私たちが確認するから。ともかく無事が確認できれば、お母さんに悪いようには絶対にしないから」

「……」

鈴子はとても狼狽《ろうばい》している様子だった。部屋の暑さもあるが、額《ひたい》に次々と湧《わ》いてくる汗をハンカチで忙《せわ》しくぬぐっていた。子どもの話になると、視線を合わそうとしない。鈴子は、何を隠そうとしているのか。里崎は鈴子と田丸の会話を聞きながらずっと考えていた。

「大きな鉢植《はちう》えだね。何か育ててたの？　私好きなのよ、花育てるの。お母さんも好き？」

田丸が突然ベランダにぽつんと置き去りにされた植木鉢《うえきばち》を眺《なが》めながらそう言った。

「べ、別に……」

「でも、何か植えてたんでしょ。結構大きな植木鉢だもん。何植えてたの？」

「どうでもいいでしょ！　何の関係があるの、そんな話！　花の話をしに来たんじゃないでしょ！　誠のこと聞きにきたんじゃないの！　そんな話するなら帰ってよ」

「どうしてそんなに怒るのよ？　何の花を育ててたかを聞いただけじゃない。そんなに怒る必要ないでしょ。何を気にしてるの？」

「別に何も気にしてないわよ！　チューリップよ、チューリップ！」

「そう、チューリップ。何色の花が咲いたの？」

「え？　何色？　あ、赤よ赤。そんなこと聞いてどうすんのよ！　もういいでしょ」

「球根は？」

「はあ？　球根はってどういうこと？」

「球根はどこにあるの？」

「そんなの植木鉢の中にあるに決まっててんじゃない！　馬鹿じゃないの！」

「あら、お店の人が教えてくれなかった？　チューリップの球根は高温多湿の日本の夏は乗り切れないのよ。そのまま土の中に放っておいたら腐ってしまうの。だから花が終わって、葉が枯れたら掘り上げないといけないの。でも、ここのベランダは屋根があるわね。土が雨に濡れずに乾燥したままだったなら、まだ球根は無事かもしれないわ。私、毎年チューリップは植えてて慣れてるから掘り上げてあげるよ」

「駄目《だめ》！　余計なことしないで！」

「遠慮しないでよ。すぐに終わるから、任せといて」

田丸はそう言うとゆっくりと立ち上がった。

「やめろって言ってんだろ！」

「田丸！　お母さんがこんなに嫌がってるんだからやめとけ！　これ以上は駄目だよ！」

「いいから、いいから」

田丸は里崎の制止を無視してベランダに体を向けた。

「だから駄目だって言ってるのに……」

里崎の前で鈴子は微《かす》かな声でそう呟《つぶや》くと、ゆらりと揺《ゆ》れるようにして立ち上がった。その表情は明らかに先ほどまでとは違いどこか虚《うつ》ろに見えた。鈴子は、立ち上がるとふらふらとキッチンに向けて歩いていった。

「お母さん、どこへ行くんですか？　まだ話の途中なんで、座りませんか？」

鈴子の耳に里崎の声は届いていない。どうやら流し台の戸棚を探っているようだった。リビングの入り口に再び鈴子が姿を現したとき、その手には鈍い光を放つ包丁が握られていた。

「な、何してるんですか！」

「だから駄目《だめ》だって言ったのに。駄目だって言ったのに……駄目だって……」

鈴子は、小声で呪文を唱えるように同じことを呟《つぶや》いて、田丸を虚ろではあるが恐ろしい眼差《まなざ》しで睨《にら》みつけていた。その目がかっと開くとそこには狂気が光を放っていた。

「う、う～……。うわ～！！！！」

鈴子の叫び声とともに振り上げられた白刃《しらは》が一気に田丸に迫った。里崎は田丸を守ろうと咄嗟《とっさ》に田丸の前に立ちはだかった、その瞬間、包丁が里崎の右肩に振り下ろされた。里崎は必死で身をかわすと、両手で鈴子の右手を押さえ、力いっぱい包丁を握る拳《こぶし》を押し潰《つぶ》した。鈴子は痛みに耐えかね包丁を畳に落とすと、その場にへたり込むように座ってしまった。

「里崎君！」

田丸が悲鳴のような声で里崎の名を呼んだ。

「大丈夫だ。田丸、包丁を片づけてくれ」

田丸は慌《あわ》てて畳に落ちていた包丁を拾うと、それをベランダに放り投げ、窓に鍵を掛けた。田丸の心臓がものすごい勢いで早鐘《はやがね》を打っている。心臓の鼓動が鼓膜のすぐ横で響いているように感じられた。

「里崎君、怪我《けが》は！」

「大丈夫。どこも怪我してないから。お母さん、落ち着いてください。大丈夫ですか」

里崎の優しい問いかけに、鈴子は嗚咽《おえつ》した。泣きじゃくる鈴子の背中を田丸が黙って優しく撫《な》でた。

暫《しばら》くすると、鈴子は、ほんの少し落ち着いた様子を見せた。田丸は背中を撫でながら、とても静かな口調で鈴子に語りかけた。

「いるのね。あそこに……」

鈴子は、小さく頷《うなず》くと再び激しく嗚咽し始めた。

「ど、どうして、どうして放っておいてくれないのよ！　どうして～！　う、うう～」

そう言うと、鈴子はひたすら泣き続けた。

「繋《つな》がれなかった……。繋がれなかったよ……」

力なく呟く田丸の目には涙がいっぱい溜《た》まっていた。田丸が泣いている。あの田丸が泣いている。一体何が起こっているのだ。里崎は必死で状況を理解しようとしていた。

「田丸、何が、一体何が起こってるんだ？」

「……」

「教えてくれ」

「……。少し待って。お母さんがもう少し落ち着いたら話をするから。少し待って。お願い……」

田丸が涙をぬぐいながら里崎に言った。

どれくらい時間が経っただろう。畳に縋《すが》りついて泣いていた鈴子が少しずつ、少しずつ静かになっていった。田丸は鈴子の背中を優しくさすり続けていた。黙ってずっと優しくさすった。

日が西にすっかり傾き、辺りを真っ赤に染め始めた頃、鈴子が小声で言葉を絞《しぼ》りだした。

「ありがとう……。もう大丈夫」

「そう。ほんとに大丈夫？」

鈴子は、泣き腫《は》らした真っ赤な目をぬぐいながら力なく頷《うなず》いた。

「いつ、亡くなったの……」

亡くなった？　里崎は田丸の言葉に耳を疑った。しかし、動揺を必死で隠しながら黙って二人の会話を聞くことしかできなかった。

「病院から戻って、二週間ほどしたときだった……」

「そう……」

「母乳がほとんど出なくて……。病院でもらったミルクがなくなったから買いに行ったときに……」

「誠君は置いていったの？」

「うん。ミルクいっぱい飲んでそのまま寝たから……」

「どのぐらいの時間留守にしたの？」

「二時間ぐらい。ミルクと紙おむつを買って帰ろうと思ったんだけど、かわいい服がたくさん売ってたから誠に買ってあげようと思って悩んでたらすごく時間が経ってて……」

「それで、帰るのが遅くなったのね」

「帰ってきたら誠が口からミルクを吐《は》き出してて……。息をしてなかったの……。何度も声かけて、人工呼吸とかいろいろやったけど駄目《だめ》で……、もうどうしていいかわからなくなって……。う、ううう～」

その時のことは今でも鮮明な記憶として鈴子を苦しめているようだった。また、暫《しばら》く鈴子は話せなくなった。そんな辛い時間を何度か繰り返しながら、鈴子はすべてを話した。

「どうして、救急車を呼んだりしなかったの？」

「もう、生き返らないと思ったし、私が殺したと疑われるんじゃないかと思ったら、怖くなって」

「時間だけが流れて、どうしようもなくなった……」

「私、何も考えられなくて、二日間そのままじっとしてたの。でも、誠をそのままにできないと思って……。ちゃんとはできないけど……、ちゃんとはできないけど……」

「それであの、大きな植木鉢《うえきばち》と土を買ってきたのね。あれは、誠君のお墓だったのね。鉢に積んである石は……墓標……」

田丸は植木鉢に向かってそっと手を合わせた。

「う、ううう～、ま、誠～、ごめんなさい、ママを許して、ううう～」

泣き崩れる鈴子の背中を田丸は黙ってさすり続けた。母に見捨てられた鈴子の母になった気持ちで。田丸の瞳《ひとみ》がどうしようもなく悲しかった。里崎は何もできずただ呆然《ぼうぜん》と二人の様子を見つめていた。今、目の前で起こっているこの現実は何なのだろう？　一体この悲惨な事実をどう受け止めればよいのだろう。何のためにこのような悲劇が起こってしまうのか。誠がこの世に生を受けた理由は何だったのか？　何か意味があるはずだ。でなければ、この世が無意味になるようにすら思えた。だが、答えは微塵《みじん》も見当たらなかった。里崎は強く拳《こぶし》を握り立ち尽くしていた。

「里崎君、警察に電話して」

「け、警察に？　今すぐじゃなくても……」

「時間をおくわけにもいかないでしょ。私たちは社会で生きているのよ」

「……わかった」

「嬰児《えいじ》のご遺体があるということはちゃんと伝えてね。向こうも鑑識の段取りや何かがあるだろうから……。お母さん、私たちも一緒に行くから、何もかも正直に話すのよ。償《つぐな》うべきことはしっかりと償って、誠君をちゃんと葬《ほうむ》ってあげましょう」

田丸の声はいつになくとても、とても静かで悲しみに満ちていた。

程なくして警察が鑑識とともにパトカーを連《つら》ね、ドヤドヤとやってきた。静かだった住宅街は一気に緊張感に溢《あふ》れた事件現場となった。誠の遺体はバスタオルで丁寧《ていねい》に包まれ植木鉢の中に埋葬《まいそう》されていた。田丸たちは現場で簡単な状況説明をさせられると、調書をとるために警察署に移動することになった。連行されていく鈴子に、田丸は自分の名刺を手渡し、外に出てきたら必ず連絡するようにと、優しく伝えた。

里崎たちの事情聴取は四時間ほどで終了したが、鈴子の聴取はさらに二時間以上続き、聴取完了後に死体遺棄《いき》容疑で逮捕された。

深夜の県道を事務所に向かう車の中は暗澹《あんたん》たる雰囲気《ふんいき》だった。センターラインがヘッドライトに照らされ、次々と浮かび上がっては消えていった。長い沈黙の後、里崎が重い口を開いた。

「どうして。どうしてこんなことに……」

「……」

田丸は返事をしなかった。運転席から田丸の表情を窺《うかが》った里崎は質問を変えた。

「いつ気がついたんだ?」

「部屋に入ってすぐに誠君があの部屋にはいないとわかったでしょ」

「ああ、それはまあ。あの殺風景な部屋には育児をしている様子は皆無だったからな」

「リビングに入ってすぐにベランダの植木鉢《うえきばち》が目に入ったの。サイズが大きかったし何かが植えられてた気配もなかった。それにあの石よ。何も植えていなかったような植木鉢に小石が積み重ねられてた。すごく違和感を覚えたのよ」

「誠君があそこに埋葬《まいそう》されてると確信したのはいつなんだ?」

「私が植木鉢の話をしたでしょ。あれはお母さんが話している途中でチラチラとベランダに目をやってたからなの。ああいう状況では、人って無意識のうちに気になるものの方を見てしまうものだから。話を植木鉢に向けたら、お母さんが今日は誠の話を聞きにきたんだろって怒ったの覚えてる?」

「ああ、覚えてるよ」

「すごくおかしいと思ったのよ。さっきまでは誠君の話を避けようとしていたお母さんが、植木鉢の話を持ちかけたら、途端《とたん》に話を誠君に向けようとした。どうしても植木鉢に注意を向けられたくないんだなって思ったの」

「なるほどな……」

「だから、強引だけどお母さんの反応を見る必要があると思った。今日確認できなかったら、お母さんは植木鉢をどこかに処分して、今度こそ住民票を移さずにどこかに消えてしまうと思ったから。そうなったら誠君の存在はこの世から消えてしまう。里崎君は止めたけど、絶対に引き下がれなかったのよ。もっとも、お母さんがあんな極端な反応をするとは予想してなかった。危ない目に遭《あ》わせてしまって、本当にごめんなさい。今さら謝っても遅いんだけど……」

「あの状況だぜ。そんなことはいいよ。それにしても、些細《ささい》なことも見逃さないんだな、お前は」

「相棒をあんな危険な目に遭わせたんじゃ、駄目《だめ》よ。配慮が足りなかった。もし、里崎君が刺されてたら、私が普通じゃいられなかったわ……。庇《かば》ってくれてありがとう。里崎君がいなかったら私、死んでたかも……。駄目ね、私って……。本当に、本当にごめんなさい」

「お前は何も悪くないよ。謝るなよ。らしくないぞ……」

「……」

「一体何がいけなかったんだろう。どうして誠君の命は失われてしまったんだろう……。ずっとそのことばかり考えちまう」

里崎は独り言のように力なく、小さく呟《つぶや》いた。

「答えは見つからないわよ……。命は失われるときにはあっという間に失われてしまう。どの子どもにどんな状況でその恐ろしい瞬間が訪れるかは誰にもわからない……」

里崎は、田丸のこんな悲しげな声を聞いたことがなかった。

「どうしようもなかったのかな……」

「わからない……。でも、もし、この町にあのお母さんが頼れる友達がたった一人でもいれば結果は違ってたかもしれないわね。ほんの一時間、二時間子どもを預かってもらえる友達がいればね。でもね、少しの間なら大丈夫だろうって赤ちゃんを一人置いていけば、何が起こるかわからないから。そういう当たり前のことをあのお母さんにきっちり教えてくれる人が誰もいなかったのが残念で仕方ないし、とても残酷だと思うわ」

「本当に、そうだな」

「家族や社会と繋《つな》がっていれば防げたかもしれない。でも、私たちが関わるケースは逸《そ》れていることが多いからね。私たちが汗だくになって必死で走り回るよりも、町に住んでる一人一人が隣の人のことをほんの少し気にかける方がよっぽど多くの子どもの命を救えるんじゃないのかしら」

「……」

「他人に無関心なことが当たり前になった今の社会が、多少のお節介が当たり前だった時代に逆戻りできれば、救われる子どもや家族がずいぶん増えるかもしれないわね」

「俺たちは無力なんだろうか」

「どうかな。厳しい現実として、今日のように救えない命もあるし、いったん救ったと思えた命が失われる場合もある。でも、救える命があることも事実。救える命を確実に救うために全力で頑張る。私たちの仕事ってそういうことじゃないのかな」

「俺たちが関わっても、救えない場合もあるってことか……」

「里崎君、私たちの仕事には常に子どもの死が付き纏《まと》うのよ。決して逃れられない児相の宿命なの。里崎君が児相に来てから一体いくつの都道府県の児相がマスコミに叩《たた》かれたか考えればわかるでしょ」

「児相の所長が頭を下げるシーンは何度も見たよ」

「確かに、対応が悪かったのかなって思えるケースもあるかもしれない。でもさ、たとえば施設の子どもが家庭に復帰するとして、厚労省の細かいマニュアルどおりに家庭に戻せば子どもが殺されないかっていうと決してそうじゃないでしょ」

「未来を予見することはできないからな」

「いったん施設入所している子どもを家庭に戻すために何十回と外泊を繰り返して慎重の上にも慎重を期して、保護者の様子も十分に見極めて家庭に戻したとしても、絶対に安心なんてあり得ないのよ」

「確かに……」

「私たちがどんなに真剣にクライアントに寄り添っても、完全に相手を理解することはできない。大人が感情的になって我を忘れて子どもを殴《なぐ》れば子どもは死んでしまう。そんな悪魔の一瞬がいつ子育てをしている大人にやってくるかなんて誰にもわからないわ」

「悪魔の一瞬……」

「児相が虐待家庭の家族再統合という使命を与えられている以上、どんなに努力をしても、どんなに慎重に家庭に戻しても、絶対安全なんてことはあり得ないのよ」

「家庭復帰って本当に難しいな……」

「だからって保護した子どもたちを施設にずっと預けておけばいいってことにはならないでしょ。施設が足りないっていう単純な意味じゃなくて、子どもたちの長い人生を考えたときに、施設でずっと生活するマイナス面も十分考えないといけないことは里崎君もよくわかってるよね」

「わかってるよ。じゃあ、何が正解なんだ！」

「言ったでしょ。私たちの仕事に答えはないのよ。ともかく関わった子どもや家族に少しでも明るい光が射すように全力で走る以外に道はないの」

「人と向き合う仕事に答えはない。完全にわかり合えることがないからこそ、常に全力でぶつかるしかない。救えるはずの命を失わないために……」

里崎は心にしっかりと刻み込むように思いを口にした。

「重い仕事よね。辛いことも多いし。それでも、私はこの仕事が好き……」

自らを鼓舞《こぶ》するように呟《つぶや》いた田丸の目が潤《うる》んでいた。誠のことは、田丸にとっても相当大きなショックだったのだ。そのことが今さらのように里崎を打ちのめした。

暗い気持ちに沈んでいる里崎に、田丸が話しかけた。

「川上ファミリーはその後どうなの？　上手くいってるの」

どうして、今、川上ファミリーの話を尋ねたりするのだろうと、里崎は不思議に思った。

「ああ。近所付き合いも順調だし、桃華ちゃんも小学校にすっかり馴染《なじ》んで友達と元気に遊んでる。菜々ちゃんももう四か月で首も据《す》わってしっかりしてきた。それにお父さんが仕事頑張ってて、非常勤の社員になれたんだ。この前家庭訪問したときにお父さんが嬉《うれ》しそうにそのことを話してくれて、いい感じで頑張ってくれてるよ」

「そう、良かったね。頑張ってフォローしてたもんね」

田丸が嬉しそうに笑顔を見せた。だが、いつもと違い、笑顔の奥に悲しみを引きずっているのが里崎にはよくわかった。悲しみをこらえつつも、田丸は里崎に何かを伝えようとしている。それは、何なのか？　里崎はじっと考えてみた。

この仕事は確かに難しく辛い仕事だ。しかし、一方でとても大きな感動を与えてくれることを里崎は思い出した。桃華と母が明るい公園で元気に遊んでいた姿を見たときのあの感動を忘れてはいけない。あの時、心に湧《わ》いてきた熱い思いを常に忘れず頑張らなくてはいけない。上手くいかないことも多い。でも、桃華は元気に小学校に通い、明るい笑顔を見せている。それは、紛《まぎ》れもない事実だ。走ろう。全力で走ろう。里崎は強く心に誓った。

「ありがとう、田丸」

「何のお礼よ?」

「ともかく、ありがとう……」

「変な人ね……。こんなこと言うと、どんだけ冷たい女だと思われるかもしれないけど、悲しみは引きずらない。この悲しみも、誠君のことも、胸にしっかり焼きつけて、明日からまた頑張るの。私は立ち止まらない」

「俺もそうする。いや、そうできるように頑張る。お前の相棒だからな」

暗い県道の先に僅《わず》かな光が輝いているように思えた。あの光に向けてクライアントとともに走ろう。そう思うことで、里崎の心に悲しみを越えて、再び力が漲《みなぎ》ってくる気がした。

七十二時間

里崎はパソコンに向かってケース記録を打ち込んでいた。十月に入ると、太陽が仕事をする時間はずいぶん短くなり、六時を前に辺りの景色はほとんど色を失いつつあった。エンマコオロギの長く美しい声に合わせて、オカメコオロギやミカドコオロギが小気味良《こきみよ》いリズムで声を重ね、時折《ときおり》、窓から流れ込む金木犀《きんもくせい》の甘い香りを纏《まと》った涼《すず》やかな宵《よい》の風が、里崎の気分を和《なご》ませてくれた。

「記録を書いてるの？　油断するとすぐに大量の記録が溜《た》まってくるものね」

「田丸か。少しでも時間が空いたら記録を書かないと、追いつかないよ。そっちは？」

「まあ、ぼちぼちね。今日やった二件の発達検査の結果は、明日には渡すから」

「わかった。それにしても、面接四件に家庭訪問三件だからな。よくもまあ、こう毎日フルに予定が詰まるもんだよ。この真っ黒な手帳を見ると、ときどき辛くなるよ」

　里崎はやれやれといった表情で田丸に手帳を見せた。

「馬鹿。相棒の私の手帳だってあんたと同じよ！」

「あははは。そりゃそうだな。四月からもう半年間、ずっと全力疾走だな。大丈夫かな俺？　俺、かわいそうだよな？」

「全然！」

　返事が田丸、緑川、後藤の綺麗《きれい》な合唱で戻ってきた。

「いつの間に？」

「私たち美人三姉妹のフォローのおかげで、ずいぶん楽できてるでしょうに！」

　皮肉たっぷりの緑川の言葉に、田丸と後藤が深々と頷《うなず》いた。

「どうもすいませんね、いつもお世話ばかりおかけして！」

「ほんとですぅ～。あんまり迷惑かけないでくださいね、里崎さん。どうにも熱くなりすぎるんですよ～。どこかで冷めた部分がないと、心が悲鳴を上げるようになりますよ～。心が弾けたら、その瞬間に誰の力になることもできなくなるし、苦しんでいる子どもたちを救うこともできなくなるってこと、わかっておいてくださいね～」

「な、何だよ、後藤さん、珍《めずら》しく無茶苦茶《むちゃくちゃ》ちゃんとした説教じゃないか」

「何ですか！　珍しくって、失礼ですぅ～」

二人の会話を遮《さえぎ》るように里崎の前の電話が鳴った。

「もしもし、中央子ども家庭センターの里崎です」

「あ、あの、女の人と話したいんですけど……」

「女性の職員ってことですか？　相談は私でもお受けできますが」

「女の人がいいんです。いないんですか？」

「いや、もちろん女性の職員もいますよ」

里崎は少し困惑した表情で緑川に視線を送った。

「里崎さん、真理子先輩に代わった方がいいです。早く！」

緑川が語気を強めて言った。里崎は黙って頷《うなず》いた。

「お待ちくださいね。今、女性職員に代わりますから」

里崎は電話を保留状態にすると、受話器を田丸に手渡した。

「もしもし、私、田丸といいます。どうされましたか？」

「あの……あの、話を聞いてほしいことがあって。友達に相談したら、ここに電話するように言われて……それで……」

「そうですか。お名前と年齢を聞いてもいいですか」

「里見洋子、十七歳です」

「それで、洋子さん、どんなことですか？　何でも言ってくださいね」

「電話じゃちょっと話しにくくて……会って話ってできないんですか？」

「いいですよ。すぐに行きますから、そこで待っててもらえますか？　今どこにいますか？」

「城西高校の近くにある神社にいるんですけどわかりますか？」

「わかります。稲荷《いなり》神社ですね。十五分で行きますから、目印を教えてくれますか」

「セーラー服に赤いマフラーをしてます」

「あなた、一人ですか？」

「友達と一緒です」

「わかりました。すぐに行きますから、絶対に待っててくださいね。……ちょっと出てくるわ。遅くなるかもしれないけど、また、連絡する」

田丸は慌《あわ》ただしく出かける準備を始めた。

「じゃあ、俺も一緒に行くよ」

「いいえ、里崎君は駄目《だめ》。西村さ～ん！　ちょっと一緒に出てくれる？　急いで」

「は～い。すぐ行きま～す」

「どうして、俺じゃ駄目《だめ》なんだ？」

「後で説明するから。さあ、西村さん行くわよ」

田丸はものすごい勢いで事務所を後にした。とても焦っている様子が窺《うかが》えた。

「何で俺じゃ駄目なんだ？」

里崎の質問に緑川が深刻そうな顔をして答えた。

「違うかもしれないけど、真理子先輩は直感的に性的虐待の被害児からの電話だと思ったんじゃないかな。だから、男の里崎さんが一緒じゃまずいと考えたんじゃないかしら」

「性的虐待……」


十五分後、田丸と児童心理司の西村は稲荷《いなり》神社の境内《けいだい》へと続く階段を上っていた。

「ちょっと、西村さん早く！」

「ええ～、しんどいですよ、田丸さ～ん。もう少しゆっくり上ってくださいよ～」

「ほらほら、急いで！」

田丸は西村のか細い腕を引っぱり、強引に階段を上らせた。暗い境内の中、かすかに輪郭を残した御堂《みどう》の前の階段に二人の女子高生が身を寄せ合うように座っているのがおぼろに見えた。田丸は二人に駆け寄った。その後を疲れ切った西村がよろよろと老婆のように追いかけてきた。

「里見洋子さん？」

「はい。そうです。ほんとに来てくれたんですね」

「当たり前じゃない、折角《せっかく》電話をくれたのに、来ないわけないでしょ。隣にいるのはお友達ね」

「はい。塩田香といいます」

「そう。塩田さんありがとう。洋子さんにうちに電話するように言ってくれて。ほんとにありがとう」

「い、いえ、そんな」

セーラー服は着ているものの、二人とも、髪はベリーショートでボーイッシュな雰囲気《ふんいき》だった。洋子は、とても不安そうな表情を浮かべていた。

「ここじゃ人目も気になるから、まずは車に行きましょう。いいかな？」

「はい。あの、香も一緒でいいですか？」

「洋子さんが良ければ私はいいわよ。いろいろ詳しく聞かないといけないけど大丈夫？」

「はい、香には全部話したから……」

四人は車に向かうと、洋子と田丸が後部座席に座り話を始めた。西村は運転席で記録をとる準備をし、香は心配そうに助手席から洋子の様子を窺っていた。

「洋子さん、って言うのも堅苦しいから洋子ちゃんでいいかな？」

「はい」

「それじゃあ、洋子ちゃん、とりあえず車に乗ってもらったけど、事務所まで行って、部屋で落ち着いて話を聞くこともできるわよ。どうする？」

洋子は少し考えてから田丸の様子を窺《うかが》いながらゆっくりと口を開いた。

「事務所って鍛冶屋《かじや》町ですよね。香の家がかなり遠くなっちゃうし、話そうと思って待ってたから、ここですぐに聞いてもらっていいですか？」

香が傍《そば》にいるときに話したいという洋子の不安感を敏感に感じ取った田丸は、少し明るいトーンの声で優しい笑みを浮かべながら答えを返した。

「もちろんよ。高級車じゃないから窮屈《きゅうくつ》だし、しかも暗いけど、我慢《がまん》してね」

「全然窮屈じゃないです。大丈夫です」

洋子の表情には田丸への親近感が浮かんでいた。

「よし。そしたら、早速だけど、お話聞かせてもらっていいかな。話しにくいことだって言ってたけど、話せる？　ゆっくりでいいのよ。洋子ちゃんのタイミングで、何があったのか話してくれるかな……」

「……」

洋子の背中を押すように香が口を開いた。

「洋子、頑張って。ちゃんと話した方がいいよ」

「うん。わかってる。わかってるの」

洋子はとても辛そうに重い口を開いた。

「三日前の夜、ちょうどお母さんがコンビニのバイトに出かけてる間に、私……私、お父さんから酷《ひど》いことされて……。お父さんっていっても血は繋《つな》がってないし、あんな男、父親なんて思っていないけど……」

「継父《けいふ》ってことね。大丈夫よ、続けて」

「部屋で勉強してたら、後ろに人の気配がして。それで、それで……急に羽交《はが》い絞めにされて……」

洋子は目に涙をいっぱい溜《た》めて、体は小刻みに震えていた。洋子が酷く傷ついているのは間違いなかった。

「洋子ちゃん、辛いよね。すごく辛いと思うけど、頑張って話してくれる？　一度でいいから。何度も聞いたりしない。洋子ちゃんのことは私たちが絶対に守るから安心して。二度と辛い思いはさせないから、苦しいことだけど、覚えてることは些細《ささい》なことでも全部話してほしいの。それがあなたを守ることに繋がるから」

洋子はゆっくり頷《うなず》くと、継父から受けた性的虐待について、苦しさのあまり時折《ときおり》言葉を詰まらせながらも、すべてを田丸と、西村に打ち明けた。

三日前の夜、九時を過ぎた頃、洋子が部屋で勉強をしていると、突然継父が背後から襲《おそ》いかかり、無理矢理洋子を寝室まで引きずり込み、ベッドに押し倒しレイプしたという内容だった。しかも、コンドームをつける際には、ベッドの枕元の小さな引き出しからナイフを取り出し、抵抗する洋子の頰《ほお》にナイフを押し当て、少しでも動けば、一生消えない傷が顔に残ると脅《おど》すという卑劣《ひれつ》極まるやり口だった。とても辛い記憶だが、洋子は事件の一部始終を詳細に記憶していた。当日継父《けいふ》が着ていた服装や、下着の色や模様、コンドームの色やそれが入っていたパッケージの色や模様、行為中に継父が発した言葉など、田丸の聞き方が素晴らしかったこともあるが、洋子は詳しく話すことができた。母親がコンビニのバイトに出かけて留守になる時間帯を狙《ねら》っての犯行だと思われた。今日、母親が再びバイトで家を留守にするので、怖くなった洋子は香に相談し、児童相談所に電話をかけてきたのだった。

継父は洋子と同居するようになると間もなく、洋子の体をたびたび触るようになった。それが嫌で仕方がなかった洋子は、母にも相談していたが、母はただのスキンシップだと言って取り合わなかった。もし、この時母が毅然《きぜん》とした態度で娘を守ろうとしていれば、継父も凶行に及《およ》ばなかったかもしれない。継父のセクハラを許容するような母の態度が、継父を性的虐待に向かわせたのかもしれない。田丸は、この家庭においては、母が娘を守ろうという意識が弱いのではないかと想像した。

「話してくれて、ありがとう。洋子ちゃん、辛いことといっぱい話させてごめんね。もう大丈夫だからね。洋子ちゃんは今日から私たち児童相談所が保護するから安心してね。もう、お家《うち》に帰らなくても大丈夫だから」

田丸はそう言って洋子をしっかりと抱きしめた。洋子は田丸の胸の中で耐え切れずに泣いた。田丸は洋子を落ち着かせるように優しくその背中を撫《な》で続けた。

「西村さん、今何時かな？」

「六時四十五分です」

「そう。香ちゃん、心配だと思うけど香ちゃんはそろそろ家に帰った方がいいね」

「私、一緒にいます。洋子が心配だから」

「それはよくわかるの。でもね、香ちゃんの帰りが遅くなるとご両親が心配するでしょ。遅くなった理由を正直には話せないし、嘘《うそ》をつくと後で辻褄《つじつま》が合わなくなって洋子ちゃんのこと話さないといけなくなるから。この話は絶対に誰にも知られないようにしないといけないの。わかってくれる？」

「わかりました。連絡はできますか？」

「暫《しば》くは無理だけど、時期が来たら必ず話せるようにするから。それまでは事務所に電話をして、私を呼び出してくれるかな。連絡をくれるときは、周りに人がいないか確認してから電話をかけてきてね。どこに電話してたのって聞かれたりしたら、どぎまぎしちゃうでしょ。大丈夫？」

「はい、わかりました。洋子、頑張ってね」

「うん、香、ありがとね」

香は心配そうに何度も車の方を振り返りながら帰っていった。香がいなくなると、洋子は少し不安そうな表情を見せた。田丸はそんな洋子の心を十分に悟《さと》っていたが、どうしても今伝えなくてはならないことがあった。田丸は洋子の微妙な表情も見逃さぬように気を配りながら、ゆっくりと洋子に語りかけた。

「洋子ちゃん、次々いろんな話をするのは、本当に申し訳ないんだけど、今からとっても大事な話をしないといけないの。大丈夫？　聞けるかな？」

「はい。大丈夫です……」

「よし、頑張ろうね。でも、絶対に我慢《がまん》しないでね。辛くなったらすぐに言ってちょうだい。じゃあ、まず最初は洋子ちゃんの体にとって大事な話からするね。さっきの話だと、継父《けいふ》に酷《ひど》いことされたとき、最初はコンドームを着けてなかったんだよね。途中でコンドームを着けたって言ってたよね」

「はい」

「男の体ってね、射精をする前に尿道の中に残ってるおしっこを中和させるためにアルカリ性のカウパー腺液《せんえき》っていうのが尿道に流れ込むようになってるの。これは酸性に弱い精子が安全に尿道を通っていくためのシステムなんだけどね。そのカウパー腺液にも射精前の精子が微量に漏《も》れ出して混じっているから、確率は低いんだけど、その微量の精子で妊娠してしまうときがあるのよ」

「そうなんですか？　ええ～どうしよう……」

「大丈夫よ。こういうケースで妊娠を避けるために使用する緊急避妊薬があるから。百パーセントじゃないけど、百パーセントに近い確率で避妊をすることができると言われてるの。ただし、それが効果を発揮するためには、行為があって七十二時間以内に薬を服用する必要があるのよ。洋子ちゃんは三日前の九時過ぎに襲《おそ》われたから、タイムリミットの七十二時間までにはあと二時間ほどある。だから、これから私たちと一緒に医大に行ってその薬を処方してもらいたいんだけど、いいかな」

「は、はい。お願いします。」

「南山先生は女性のお医者さんだから安心してね。それと、もう一つ大事な話。洋子ちゃんは今回の事件をどうしたいかな。継父に罰を与えたいなら、警察に被害届を出さないといけないの」

「出します。被害届」

間髪《かんはつ》容《い》れずに答えた洋子に、田丸はゆっくりと諭《さと》すように話しかけた。

「でも、その場合、警察にも私に話してくれた話をしてもらわないといけない。警察の調書作りはかなり細かいところまで確認するから、同じことを何度も聞かれることも多いし、行為中のことも相当詳しく聞かれるのよ。だから、洋子ちゃんの精神的な負担も大きいと思う

※当作品執筆時、強姦罪は親告罪でした。

わ。この聴取でとても傷つく人もたくさんいるの。それでも大丈夫？」

「……」

洋子は少し俯《うつむ》いて、自分の手の甲をじっと見つめていた。田丸の話を聞いて、もう一度自分の気持ちを確認しているようだった。

「もちろん聴取をするのは婦人警官にしてもらうし、私か西村さんが一緒に聴取を受けるから、辛いときにはいつでも聴取を中断することもできるようにするわ。でも、私たちにできることはせいぜいその程度なの。だから警察に被害届を出さなくてもいいのよ。洋子ちゃんの心が一番大切だから」

洋子はゆっくりと顔を上げると、田丸の目をしっかりと見つめながら口を開いた。

「……大丈夫です」

洋子の目には強い意志が浮かんでいた。田丸は小さく頷《うなず》くと話を続けた。

「わかった……。じゃあ、もう一つ話しておかないといけないことがあるの。もし、継父《けいふ》が逮捕されてから、容疑を認めなかった場合、洋子ちゃんが証人として裁判所の法廷に呼ばれて証言しないといけないこともあるの。その時は継父と顔を合わせなくて済むような手続きもとれるから、法廷で継父と話すようなことはないんだけど、洋子ちゃんにとっては、精神的に大きな負担になると思うの。それでも被害届は出したい？　どうする？」

「法廷には私一人で行くんですか？」

「洋子ちゃんには付添い人が認められるから私か西村さんが傍《そば》について行けるわよ」

「ずっと一緒にいてくれるんですよね……」

田丸と西村が同時にしっかりと頷いた。洋子はしばらく考えた後、覚悟を決めたかのように口を開いた。

「出します。うやむやにしたら、あいつまたほかの女の子にも同じことするかもしれないから。私、被害届を出します」

「わかった。あなたは強い子ね。でも、無理しちゃ駄目《だめ》よ。しんどいときはしんどいって正直に言ってくれるかな」

「はい、わかりました」

「じゃあ、もう少し質問させてね。洋子ちゃんは事件の後すぐにシャワーを浴びたよね」

「もちろんです。もう、汚くて嫌だったからすぐにシャワー浴びて、何度も何度も体を洗いました」

「だよね。もし良かったら、病院に行くから、医療的に膣内《ちつない》を洗浄してもらうこともできるのよ。相手が女医さんとはいえ高校生の洋子ちゃんにはすごく恥ずかしいと思うから強制はしないけど。どうする?」

「お願いします。何かずっと気持ち悪い気がしてたから。そういう気持ちに区切りがつけられそうに思うし」

「そっか。わかったわ」

田丸にはもう一つ、洋子に確認しなくてはならないことがあった。膣内《ちつない》の検体の保存についてだった。レイプ後、七十二時間以内なら、膣内に継父《けいふ》のDNAが残っている可能性がある。膣内の分泌液《ぶんぴつえき》を保存し、科学捜査研究所においてDNA鑑定を行えば、場合によっては継父のDNAが検出され、レイプを証明する大きな証拠《しょうこ》となる。被害届を出す以上、少しでも洋子の証言が認められるような証拠はあった方がいい。しかし、膣内に継父のDNAが残っているかもしれないというような言い方は、洋子が継父に穢《けが》されてしまったという思いを強める可能性が高い。

田丸は、一瞬のうちにそうしたことに思いを巡《めぐ》らせ、DNAという言葉を使わずにさらりとした説明をすることに決めた。

「洋子ちゃん、いろんなことを一気に説明して本当に申し訳ないんだけど、洗浄をしてもらうときに膣内の分泌液を少し採取しておいてもらったら、洋子ちゃんが辛い目に遭《あ》った証拠になるかもしれないんだけど、どうしよう?」

田丸は内心ドキドキしながら洋子の答えを待った。

「そういうことなら、採取してもらいます」

洋子の返事と、その表情を見て田丸は心の中で胸を撫《な》で下ろしていた。

「洋子ちゃん、無理しなくていいのよ」

「いいえ。大丈夫です」

「……わかった。じゃあ、その準備もするわね」

「はい。お願いします」

「それと、最後にもう一つだけ。洋子ちゃんは今までに彼氏とエッチしたことはある？」

「い、いえ、ないです。彼氏とかもいないですから」

「ごめんね、変なこと聞いて。でもね、継父が自分は何もやってないって言い張る場合もあるから、これまでにエッチの経験があるか確認しとかないといけないのよ」

「いいんです。理由はよくわかりますから」

「洋子ちゃんは強いだけじゃなくて賢《かしこ》いわね。よし。西村さん、医大産婦人科の南山先生に電話して今から行くと伝えて。それから事務所に連絡して、職権の一時保護の決裁をとって通知書を作っといてもらって」

「了解！」

「それと、課長から警察に状況説明の連絡をしてもらって。その際に、婦人警官に証拠検体保管用のキットを医大産婦人科にすぐに届けてもらうことも一緒にお願いして。最後にもう一つ、これも課長から、継父に洋子ちゃんを職権で一時保護したと八時頃に電話するように言っといて」

「わかりました」

「洋子ちゃん、私全力であなたをサポートするからね。今日から一緒に新しい一歩を踏み出して頑張っていこう。じゃあ、まずは継父《けいふ》の携帯に八時過ぎに帰るってメール入れといて。帰りが遅いって騒《さわ》ぎ立てないようにするための時間稼ぎだから。メールを送ったら電源は切っとけばいいからね」

田丸は、性的虐待のケースでこれほど短時間に被害児童から話を聞くようなことはなかった。性的虐待は、被害に遭《あ》ってから七十二時間以内に告白できるケースはとても稀《まれ》だからだ。七十二時間が過ぎてしまえば、緊急避妊薬を使う必要もないし、ＤＮＡ鑑定をする意味もない。

しかし、洋子の場合はまさにその七十二時間が目前に迫る緊急な対応を迫られるケースだった。洋子への負担は心配されたが、細心の注意を払いながら、やりきるほかに道はないというのが田丸が自らの経験から下《くだ》した決断だった。洋子の気持ちを考えると、胸が押し潰《つぶ》されるような思いがした。

田丸たちが医大に到着すると、急患用の入り口で私服の婦人警官が検体保管用のキットを持って待っていた。田丸は、婦人警官と簡単な挨拶《あいさつ》を交《か》わすと彼女を伴《ともな》い一緒に産婦人科に向かった。産婦人科に着くと、田丸は、洋子と西村を外来ロビーのソファーに座らせ、自分は婦人警官とともに診察室に向かった。診察室に入ると、婦人警官が、南山ドクターにキットの使用方法などについて要領よく説明を行った。説明が終わると、田丸は婦人警官に丁重《ていちょう》なな礼を述べ、署に戻る彼女を診察室から見送ると、すぐにソファーで待つ洋子と西村を迎えに行った。

洋子にとっては辛い検査も含まれていたが、彼女は気丈《きじょう》に頑張った。

受診後、南山ドクターから検診結果が田丸に告げられた。

「田丸さん、処女膜は裂傷《れっしょう》が確認できたわ。ただし、最近かどうかまではわからない」

「やっぱりねえ」

「それと、採取した検体については、こちらから、婦警さんに連絡して渡しておくから。性病に関しては、今日の段階では陰性。でも、クラミジアなんかのＳＴＤは潜伏《せんぷく》期間があるから、二週間後に血液検査をするわ。その時はまた連れてきてね。ＨＩＶは八週間後に検査をするわね。とりあえず今日の段階で健康上の問題はないわ」

「良かった。まずは一安心ね」

「でもね、洋子ちゃん母親から虐待を受けてるみたいよ。太ももの上の方に棒で殴《なぐ》られたような痣《あざ》があったのよ。どうしたのか確認したら、母親に掃除機の柄《え》の部分で殴られたって話してたわ。気になったから体を診察の際に見せてもらったけど、あちこちに痣があった。日常的に虐待されてるんじゃないかな」

「そうですか……母親からも虐待を……」

田丸は洋子が幼少期からずっと辛い生活を強《し》いられてきたのだと知った。もっと早く出会っていればと思うと心が痛かった。

「お疲れ様、洋子ちゃんよく頑張ったね。今から児童相談所の一時保護所に向かうんだけど、お腹空《す》いてない？　一時保護所の夕食はもう終わってるから、お腹が空いてたら、何か食べに行っとかないと。やっぱ、食欲なんてないか……」

「そ、それが……。あのことがあってから、ほとんど何も食べる気がしなくて……。お茶を飲むぐらいだったんですけど。田丸さんに話を聞いてもらえて、家にも帰らなくてもいいってわかったら、急にお腹が空いてきちゃって……」

洋子は恥ずかしそうに空腹を訴えた。

「そう！　良かった～。少しホッとしたのかな」

「はい。帰るの本当に嫌だったから、ホッとして」

「じゃあ、何食べに行く？　あっさり系かな？」

「そ、それが、今日は寒いから、意外とラーメンなんかが食べたくて……。変ですか？」

「変じゃないわよ～。食べたいと思うものを食べるのが一番よ。いいねえ、ラーメン。西村さんもそれでいい？」

「大好きですよ～」

「よし、決まり。じゃあ、急いで行こう」

ラーメン屋に向かう途中、長谷部課長から田丸に電話が入った。継父《けいふ》と実母《じつぼ》が九時頃に中央子ども家庭センターにやって来るので、洋子と鉢合《はちあ》わせしないように、事務所には寄らずに、直接隣の一時保護所に行くようにとの指示だった。

店に入ると、田丸と西村はラーメンを、洋子は、お腹が空いていたらしく、ラーメンとチャーハンを注文した。明るい店内で見ると、洋子はとても健康的な小麦色の肌をしていた。キリッとした細い眉《まゆ》に大きな瞳《ひとみ》、鼻筋が通っていて、口は少し大きめで、どこかオードリー・ヘプバーンを彷彿《ほうふつ》させる美人だった。

「洋子ちゃんは、クラブは何をしてるの？」

「私、香とバッテリー組んでるんですよ。ソフトボールでピッチャーやってるんです」

「そうなんだ。ピッチャーか、すごいね。剛速球投げるの？」

「剛速球ってほどじゃないですけど、そこそこです」

三人はいろいろな話をしながら熱いラーメンを啜《すす》っていたが、洋子が急に表情をなくしていった。

「どうしたの？　また、思い出しちゃったのかな？」

「違うんです……。私、こんな風に大人と楽しくご飯食べた記憶があまりなくて。こんな風に私の話をちゃんと聞いてくれる大人もいるんだなって。何気ない私の話を聞いてもらえるのがすごく嬉《うれ》しくて……」

「そっかあ……。私、毎日バタバタしてるからなかなか話せないかもしれないけど、できるだけ一時保護所に会いに行くね。いろいろ話そうよ」

　さすがの田丸もそれ以上の言葉は思いつかなかった。この子は幼少期から親の愛をほとんど知らず、母の身体的虐待に耐えながら身の縮むような思いで成長してきたのだろう。この子を何としても救いたい。できる限りのことをしたいと田丸は心に誓うのだった。

　その時、西村の携帯電話が鳴った。

「はい、西村です。はい、はい……ええ～！　今日ですか？　明日じゃ駄目《だめ》なんですか？」

「何？　どうしたの西村さん？」

「課長からなんですけど、警察が今夜のうちに洋子ちゃんから事情聴取をしたいって言ってるらしいんです。一時保護されたと知ったら、継父《けいふ》が逃げるかもしれないし、証拠《しょうこ》を隠滅《いんめつ》する可能性もあるからっていう理由らしいんですが」

「ああ～、確かに私もそれは考えたんだけど、今からってのは……」

「あ、あの～、私大丈夫ですよ。あいつを逮捕してもらえるなら今からでも警察に話します。大丈夫です。お腹もいっぱいになりましたから」

「でもね、洋子ちゃん、さっきも話したとおり、警察の聴取はかなり細かいことまで聞かれるからしんどいわよ。多分時間も結構かかると思うし……」

「いいんです。ほんとに大丈夫です、私」

「夜遅くまでかかるけど大丈夫？」

「はい、平気です」

「わかったわ。西村さん、電話代わって。もしもし、田丸です。長谷部課長、洋子ちゃんは聴取を受けると言ってますから、警察にはそう伝えてください。ただし、洋子ちゃんが辛くなったら聴取は途中でやめてもらいます。それは絶対条件です。それから、聴取は当然ですが婦人警官でお願いします。あと、一時保護所に来る際には、覆面パトカーで私服を着てくるように言ってくださいね」

一時保護所は中央子ども家庭センターと同じ敷地内にあり、継父が来た際にパトカーや警官の姿を見せたくないからだ。

「はい、はい了解」

長谷部の明るい声が返ってきた。

「洋子ちゃん、ごめんね。まったく、落ち着いてラーメン一杯食べられないんだから」

食事が終わると三人は一時保護所に向かった。

八時五十分、洋子は、一時保護課職員と長谷部課長の優しい笑顔に迎えられた。一時保護所には既《すで》に二名の婦人警官が、洋子から事情聴取を行うために待機していた。

田丸は、長谷部課長と婦人警官に簡潔に状況を説明した。洋子の事情聴取には西村が付き添うことになり、この後すぐに現れるであろう継父への対応は、田丸と長谷部課長が担《にな》うことになった。

事務所に向かおうとする田丸と長谷部課長に向けて洋子が一言声をかけた。

「田丸さん、ありがとうございました。ラーメンも、チャーハンもおいしかったです」

田丸と長谷部課長は黙って優しい笑顔で洋子に応えた。

振り向いた田丸と長谷部の顔から優しい笑顔は消え、その目は闘志に燃えていた。

守る！

事務所に戻った田丸と長谷部は、所長、次長、そして担当地区ワーカーの里崎に事件の詳細を手際《てぎわ》よく説明した。また、本来なら地区担当の里崎が対応すべきケースだが、性的虐待であることから、里崎の相棒である児童心理司の田丸がワーカー役を、西村が心理司として田丸をフォローすることが決定された。

里崎にとっては赴任《ふにん》以来初めて経験する性的虐待ケースであった。里崎は洋子のことがとても心配になり、田丸にいくつか質問を投げかけた。

「田丸、洋子ちゃんは相当パニックに陥《おちい》ってるのか？　酷《ひど》い経験をしたわけだから、泣きじゃくって話ができないような状況だったんじゃないのか？」

「里崎君、女の子ってこういう状況になると、あまり気持ちを表に出さないことが多いのよ。泣き叫ぶというよりも、誰にも相談できなくて、どうしていいかわからなくて、一人で静かに悩み苦しむことが多いの。洋子ちゃんもそう。どうしようもないくらいの悲しみや、辛さが伝わってきたけど、本人はそういう感情を必死で抑えながら静かに話してくれたわ」

「そういうものなのか……」

「性に関して話すのがタブー視されてる日本のような国で育った女の子は特にそういう傾向が強いと思うわ。相手に対する怒《いか》りはもちろんあるんだけど、自分が穢《けが》れてしまったというような気持ちや、自分の価値がなくなってしまったというような自己嫌悪感に苛《さいな》まれたりする女の子が多くて」

「そんな……。被害に遭《あ》った女の子には何の落ち度もないじゃないか」

「もちろんそうよ。でも、そんな風に考えてしまう女の子が多いのよ。だから、一人で苦しんでなかなか誰にも相談できない。事実を話したら、相談した相手に自分が穢れた存在だと思われて軽蔑《けいべつ》されてしまわないかとか考えてしまうのよ」

「性的虐待というのは最も許せない犯罪だな。何の落ち度もない女の子の心にイバラが巻きついたような重荷を背負わせ、心を痛めつける……。許せないな」

怒りに震える里崎の様子を見て、田丸は諭《さと》すように話しかけた。

「里崎君は、加害者には絶対に刑事罰を与えるべきって思ってるでしょう」

「当たり前だ！」

「でもね、被害届を警察に出すには慎重にならないといけないのよ」

「どうして？」

「被害届を出せば、調書を作るために何度もレイプされたときの話をしないといけなくなる場合がある。辛いことを何度も話すのは被害を受けた女の子にとっては耐え難く辛いことなのよ。傷ついた心に何度も何度も鋭い刃を突き立てる結果になりかねないの。だから、性的虐待については加害者を罰することよりも被害者の安全と、心を守ることを優先する必要があるの」

「しかし……」

「里崎君の悔しい気持ちはよくわかるわよ。でも、被害者の心の深い傷を考えると無理に被害届を出すように勧《すす》めることはできないのよ。今回、洋子ちゃんの件で被害届を出すことにも、正直、不安がないと言えば嘘《うそ》になるわ。洋子ちゃんの気持ちに寄り添っているつもりだけど、大丈夫なのかって……。それほど難しい問題なのよ、性的虐待は……」

田丸がとても悩み苦しんでいるということが、その表情から里崎に伝わってきた。

「……俺に何ができるかわからないけど、ともかく何でも言ってくれ」

「ありがとう」

説明を終えた田丸が所長室から出てきたちょうどその時、事務所入り口のドアが勢いよく開けられた。

「長谷部ってどいつだ！」

継父《けいふ》と実母《じつぼ》が血相を変えて立っていた。

「長谷部は私ですが、どちら様ですか」

「里見だ！　洋子を返せ！」

田丸はコツコツと鋭い靴音を立てながら、継父の前に進み出た。

「洋子さんを保護した私がお話をお伺《うかが》いします。面接室でお話ししましょう、どうぞこちらへ」

「どうして、面接室なんかへ行かなきゃいけねえんだ。黙って洋子を返せばいいんだよ！」

「里見さん、洋子さんはお返しできませんよ。児童相談所が所長職権で一時保護しましたから。里見さんがどんなに大声を出されてもお返しすることはできません」

田丸がキッパリとした口調で答えると、継父はさらに声を荒げて田丸に詰め寄った。

「何だと！　人様の子どもを勝手に連れていっといて返さないだと！　おい、てめえら一体何様のつもりなんだよ！　役所がそんな誘拐みてえなことやっていいのかよ、馬鹿野郎！」

「これは、法律上認められている児童相談所の権限ですから」

「嘘つけ！　どこにそんな勝手な法律があんだよ。ふざけんな」

「良かったら児童福祉法をご覧いただきましょうか？」

「う、うるせえ～！　そんなもん関係ねえんだよ！　洋子を出せ！」

興奮する継父に、長谷部が落ち着いた口調で話しかけた。

「ともかく、洋子さんはお返しできません。それ以上大声で騒《さわ》ぐなら威力業務妨害になりますよ。どうされますか？　面接室で話されますか？」

「てめえら、ムカつくなあ。どこだあ！　面接室は！」

「どうぞこちらです」

田丸と長谷部は面接室に継父《けいふ》と実母《じつぼ》を案内した。

「相談課長の長谷部と申します」

「児童心理司の田丸と申します」

「お前らの名前なんてどうでもいいんだよ。洋子をここに連れてこいよ」

「だいたいどういう理由で洋子を連れてきたんですか！　理由を教えてよ理由を！」

母親がまくし立てた。

「それは今から説明します。今日の夕方洋子さんから電話をもらいました。里見さん、あなた三日前に奥さんがコンビニのバイトで家を留守にしている間に、洋子ちゃんに性的虐待をしたんじゃないですか。洋子ちゃんは今日もお母さんが留守にするので、またレイプされると思って怖くなって電話をしてきたんです。それで私が彼女を保護しました」

母親は驚いた表情で継父を見た。

「あんた、そんなことやったの！」

「馬鹿なこと言うな。そんなことするわけねえだろう！　いい加減なこと言うな！」

「ほんとにやってないんだね、あんた」

「当たり前だ。そんなことするわけねえだろう！　あいつ嘘《うそ》ついてんだよ」

「うちの人はそんなことしてないって言ってるじゃないですか！　何の証拠《しょうこ》があってそんなこと言うんですか」

田丸は母親の目をじっと見つめながら話した。

「私たちは彼女が嘘をついてるとは思っていません。彼女は事件のことをとても詳しく話してくれています。実際にレイプをされていないなら、あんなに詳細に話をできるとはとても思えません」

「あいつはな、俺のことを嫌ってるから嘘ついて俺を陥《おとしい》れようとしてるだけなんだよ。あいつはもともと嘘ばっかつくんだよ！　お前らそんな嘘も見抜けねえのか！」

継父は、心の焦りを打ち消そうとするかのように大声で田丸を威圧した。田丸は継父の大声を無視するかのように母親に話しかけた。

「お母さんも洋子さんが嘘をついてると思われるんですか？　虚言癖《きょげんへき》があるとお思いですか？　とてもそんな風には見えませんが」

長谷部が田丸を援護射撃するかのように続けた。

「洋子さんが嘘をついているようには思えませんでしたよ。話に矛盾点が全くありませんでしたから。お母さんは娘さんを信じられませんか？」

「わかんないけど、あの子はちょっと神経質なのよ。この人がちょっとスキンシップをしただけでセクハラだとかなんだとかって騒《さわ》ぐぐらいだから、何でも大層に言うのよ」

母親は、少し困ったような表情を浮かべながらそう言った。

「でもお母さん、ご自分のお子さんがレイプされたというような嘘《うそ》までつくと思いますか？　ちょっと神経質というぐらいでそんな大それた嘘をつきますか？」

長谷部は母の目をじっと見据《みす》えながら言った。

「さあ、そりゃあわかんないけどさ。でも、うちの人がこんなにはっきりやってないって言ってんだから。うちの家族の話なんだから、家族でちゃんと話をつけるから、洋子を返してよ」

「俺にちょっとスキンシップされたことを根に持ってるんだよあいつは！　だから、こんな無茶苦茶《むちゃくちゃ》な嘘をつくんだよ。いいから洋子を返せよ！」

「私たちは洋子さんから保護してほしいとの訴えを受けて保護しています。安全がはっきりとわかるまでは絶対にお返しできません」

吠《ほ》え立てる継父《けいふ》に、田丸は一歩も引かぬという表情で返答した。

「そんな、勝手な。うちの人がそんなことした証拠《しょうこ》はないでしょ」

「洋子さんがレイプされていないという証拠もありません。本人が絶対に帰りたくないと言ってますし、私たちも安全が確保されないうちはお返しするつもりはありません」

田丸はさらに続けた。

「それと、お母さんも洋子さんに身体的虐待を加えてますよね。彼女の体にずいぶんたくさんの殴《なぐ》られた痣《あざ》がありました。性的虐待および身体的虐待を受けている児童を保護するのは児相の責務ですから絶対に洋子さんをお返しすることはできませんので」

「おい、おい、勝手なことばっか言ってんじゃねえぞ！」

継父はさらに興奮し、言葉を強めて田丸を睨《にら》みつけた。田丸は目元涼《すず》しく、一枚の紙をさっと継父の前に差し出すと、きっぱりとした口調で言った。

「これは、職権一時保護の通知書です。ここに書いてあるように、この処置に不服がある場合には三か月以内に審査請求ができますから、今日はこれでお引き取りください」

「身体的虐待ってどういうことよ！　あれは躾《しつけ》でしょ、躾！　部外者のあんたたちが、勝手に虐待とか決めつけてんじゃないわよ！」

興奮する母親に対して、今度は長谷部がぴしゃりと返した。

「あれは決して躾ではありません。暴力を伴《ともな》うような躾などあり得ないんです。ともかく、洋子さんはお返しできませんので、お引き取りください」

その後、小さな面接室で一時間以上も押し問答が続いた。継父は常に大声を張り上げ、時には机を叩《たた》いたり、立ち上がって椅子《いす》を蹴《け》ったりというパターンを繰り返したが、田丸も長谷部も表情一つ変えることなく、席に座り、終始落ち着いたトーンで話を続けた。

「児相を相手にどれだけ大声で怒鳴《どな》っても、決して状況は変わりませんよ。私たちが洋子ちゃんをお返しすることはありません」

「てめえ、覚えてろよ！　知り合いの県会議員に訴えて問題にしてやるからな！　後で吠《ほ》え面《づら》かくなよ！」

「どうぞ、ご自由になさってください。国会議員であろうが総理大臣であろうが洋子ちゃんはお返しできませんから」

「ちっ！　帰るぞ！」

「でもあんた、洋子どうすんのよ！」

「こいつらに何言っても無駄《むだ》だ。帰るぞ！」

継父《けいふ》と実母《じつぼ》は大変な剣幕《けんまく》で帰っていった。

「継父は相当焦ってたわね」

「そうですね。あの興奮の仕方は、不安感の裏返しですよね」

「そうね。それにしても実母が思っていた以上に母性がないわね。洋子ちゃんを信じて守ろうって気が全くないのには驚いたわ。洋子ちゃんがかわいそう。実母に信じてもらえないなんて」

長谷部が悔しそうに唇《くちびる》を噛《か》んだ。

「そう、そう、それなんですよ。あの実母は絶対離婚しようとか思わないですよね。実の娘がレイプされたのに、どうしてあんな態度なんでしょう。許せないわ」

田丸が険《けわ》しい表情で言った。

「実母は母じゃなく女みたいね……。明日は朝一で洋子ちゃんとゆっくり話さないと駄目《だめ》ね。洋子ちゃんが実母に対してどんな思いを持っているのか。それも確認しておかないと」

「わかりました。心理検査はどうしますか？」

「それは聴取の後でもいいかな。洋子ちゃんが疲れてるようなら、明後日でもいいんじゃない」

「了解です。絶対洋子ちゃんには幸せになってもらわないと！」


継父が帰って一時間ほど過ぎた頃、一時保護課の面接室で行われていた洋子の一回目の事情聴取がやっと終了した。聴取を担当した婦人警官は今後まだ何度か聴取を行う必要があるが、協力してほしいと洋子と西村に告げると慌《あわ》ただしく帰署しようとした。西村は婦人警官を呼びとめた。

「あの、すいません」

「何でしょう？」

「今回は性的虐待ですから、継父を逮捕した場合には、プレス発表は避けていただけますよね。マスコミに事件が知れると、すぐに誰がレイプの被害者なのかが特定されてしまいますから。そうなると、この先、彼女の人生にずっと暗い影が差すことになりますから」

「もちろんです。その点はご安心ください。決して外に漏《も》れることはありませんから」

「ありがとうございます。よろしくお願いします」

事情聴取が終了したと聞いた田丸と長谷部が一時保護所に洋子を訪ねると、洋子は西村と話をしているところだった。時計はもう十一時を過ぎていた。

「洋子ちゃん、お疲れ様。大丈夫？　こんな遅い時間までしんどかったでしょう。ほんとによく頑張ったね」

「ちょっと疲れました。いろいろ細かく聞かれて……」

「洋子ちゃんは本当によく頑張りましたよ。すごく辛いこともいっぱい聞かれましたけど……」

西村は洋子の肩を抱き寄せながら田丸と長谷部にそう告げた。

「そう。警察の聴取は大変だからね。洋子ちゃん、今日はもう寝ましょ。また明日いろいろ教えてね」

「わかりました。田丸さん、西村さん、課長さん、ありがとうございました」

「こっちこそ、体も心も疲れさせてしまってごめんね」

「大丈夫です。おやすみなさい」

「おやすみ」

笑顔を見せて寝室に向かう洋子の姿が三人の心を締めつけた。心がぼろぼろで疲れ果てているはずなのに、田丸たちに精一杯の笑顔を見せた洋子の心を思うと悲しかった。何としてもこの子を救わなくては。三人はお互いの目を見つめ合った。

田丸たちが事務所に戻り記録を作成していると警察から電話がかかってきた。午前一時過ぎに継父《けいふ》を強姦罪《ごうかんざい》で逮捕し、証拠《しょうこ》品の押収《おうしゅう》のために家宅《かたく》捜索を行っているとのことであった。長谷部、田丸、西村の三人は継父の性格を考えると、あっさりと自白することはないだろうという共通の予感を持っていた。継父が起訴事実に同意しなければ洋子が公判に証人として出廷させられる可能性が高くなる。そのことが、三人にはとても気がかりだった。せめて、継父が素直に罪を認めてくれれば、洋子にさらに精神的な負担を強《し》いる心配はなくなるのだが。三人は祈るような気持ちで事務所を後にした。

外では清々《すがすが》しい秋の夜風が月明かりに照らされたススキの葉を揺《ゆ》らしていた。どこからかドビュッシーの「月の光」が聞こえてきそうな清浄《せいじょう》な空気に包まれた、静かで清《きよ》らかな夜だった。悲しい人の世と無関係な美しい自然の風景が整然と時を刻んでゆく。どうして、人は自然が刻む優美な時の流れに身を委《ゆだ》ねることができないのだろう。田丸は車のシートに深く身を沈めて、気ままに揺れるススキの葉を暫《しば》く眺《なが》めていた。洋子はこんな静かな夜に好きな本を読んだり、音楽を楽しんだりする自分だけの時間を持っていたのだろうか？　どんな人生を歩んできたのだろうか？　田丸はなかなか車のエンジンをかけることができないまま何度もため息をついていた。

翌朝、田丸は城西高校に電話を入れると、校長に洋子を一時保護した旨《むね》を伝えた。詳細については後ほど学校に出向いて説明するので、絶対に、洋子の自宅に電話をしたりしないようにと校長に依頼した。学校への連絡が終わると、田丸と西村は面接室で洋子から話を聞くことにした。

「洋子ちゃん、今日の午前一時過ぎに継父《けいふ》は逮捕されたわよ」

「あいつ逮捕されたんだ。良かった。田丸さん、あいつと話しました？」

「ええ、逮捕される前に、お母さんと一緒にこっちに来たから、その時にね」

「あいつ、なんて言ってました？　自分のやったことを認めてましたか？」

「残念だけど、完全否定だった。そんなことは全くやっていないって。洋子ちゃんが嘘《うそ》をついてるって言ってたわ」

「やっぱりね。そんなことだろうと思った。ほんとに最低。お母さんは何か言ってました？あいつと離婚するって言ってましたか？」

「どうかな……。離婚するかどうかはわからないな」

「そっか。お母さんも私の話信じてないんだ。何となくそんなことになる気がしてました。お母さんはあいつを失いたくないのよ。私よりあいつが大事なんだ……」

洋子は何とも悲しげで寂《さび》しげな目をしてそう呟《つぶや》いた。

「お母さんもパニクってたのかもしれないし、まだわからないわよ」

そんな頼りなげな慰《なぐさ》めしか田丸には思い浮かばなかった。

田丸と西村は、洋子にこれまでの生活歴について確認することにした。

洋子は秋の夜長に読書を楽しむような生活を片時《かたとき》も送ってはいなかった。

物心がついた頃には既《すで》に父はいなかった。洋子には父の記憶がない。母親からは洋子が生まれてすぐに病気で死んだと聞かされてきた。母は、仕事を転々として生活は常に安定しなかった。不安定な生活への苛立《いらだ》ちからか、幼い頃から母親は気に入らないことがあったり、命じた仕事が上手くできないと大声で怒鳴《どな》りながら洋子に暴力を振るった。投げ飛ばされ腕を骨折したこともあった。

面接中、洋子が田丸と西村に後頭部の髪を掻《か》き分け古傷を見せた。小学校二年のときジュースを溢《こぼ》したことに激怒した母親が洋子を蹴《け》り飛ばした。洋子は吹っ飛び、後頭部をカラーボックスの角にぶつけ、頭が切れて血が噴《ふ》き出てきた。滴《したた》る血が床に落ちると、床を汚したと母はさらに怒《いか》り狂った。洋子は、傍《そば》に落ちていたタオルで自分の傷口を押さえながら、雑巾で床に落ちた自分の血を必死で拭《ふ》き取った。傷口を押さえていたタオルが見る見るうちに真っ赤に染まっていったのが、子ども心にとても恐ろしかった。その時の恐ろしい記憶は、今も自分に悪夢を見せるのだと、洋子は何とも悲しげな笑みを浮かべながら淡々《たんたん》と話した。

母は、洋子の掃除の出来が気に入らないと、残っている埃《ほこり》を見つけて、それを無理矢理洋子に食べさせたりもした。洋子が、お腹が空《す》いたと一言でも言えば、母は、大量の白米を洋子が吐《は》くまで無理矢理食べさせ、吐き出した吐物《とぶつ》をもう一度食べさせたりもした。

洋子は壮絶な虐待に耐えながら幼少期から今まで生き延びてきたのだ。

小学校に入学して以降は、家事を全般的に手伝わされるようになり、小学校の高学年になるとほとんどの家事は洋子が行うようになっていた。この頃になると、母はスナックで働くようになり、洋子は毎日一人で夜を過ごすようになった。夕方、母がスナックに出かけると洋子は心からホッとした。これで朝までは殴《なぐ》られることがないと。

中学生になっても母親が弁当を作ってくれることは一度もなかった。洋子が毎日自分で弁当を作って学校に通っていたのだ。洋子が中学二年生のとき、母は、スナックに遊びに来ていた里見と仲良くなり結婚した。

洋子は厭《いや》らしい目つきで自分を見る里見に嫌悪感を抱き、馴染《なじ》めなかった。里見はそんな洋子のことを躾《しつけ》がなっていないと批判し、母親を責めた。そのたびに母親は里見に気を使い、洋子を殴《なぐ》って叱《しか》りつけた。

里見の登場は洋子にとっては新たなストレッサーの出現にほかならなかった。洋子はさらに精神的に追い詰められながら、身を小さくして生活を続けてきたのだ。

田丸と西村は思った。この子の魂を救わなければならないと。田丸は重要な質問を洋子に投げかけた。

「洋子ちゃんは継父《けいふ》とは、もう絶対に会いたくないよね」

「無理。もう絶対無理です」

「だよね。じゃあさ、洋子ちゃんはお母さんのことどう思ってるの？」

「どうって？」

「好きとか、嫌いとか、嫌なこともあるけど大切に思ってるとか……何でもいいのよ。どんな気持ちをお母さんに抱いてるのかなって思って」

「好きとか、大切とか、そういう気持ちは正直ほとんどありません。怒られて、叩《たた》かれた印象しかないですから、お母さんには……」

「優しいときもあったんじゃない？」

「それが、優しくしてもらったとか、どこかに遊びに連れていってもらったとか、そういう楽しい思い出はないんです。夏休みも家にいると怒られるから、友達の家に行って、宿題もそこでやってたし」

「そう……」

「ともかく家にいるのが怖くて、辛くて……でも、どうしようもないでしょ。親を選べるわけじゃないし、どんなに恐ろしくても私の母親はあの人だし、帰る家だってあの家しかありませんから。子どもには選択肢がないんだもの……」

「そうだよね。でもね、これからはそうじゃないよ。選べるんだよ、洋子ちゃんに。これから先、どんな風に生活するかを」

「ど、どういうことですか？」

「もちろん何でも思いどおりってわけじゃあないんだけどね。ただ、お母さんとの距離をどうするかは決めることができる。今まで、お母さんと離れたことはなかったと思うけど、これから暫《しばら》く離れて生活することになるから、落ち着いて考えてみてほしいのよ」

「……」

洋子はあまりピンとこない様子で、田丸の顔を見つめていた。

「これから先、洋子ちゃんがどうしたいのか。また、お母さんと一緒に生活したいのか、それともお母さんとも一緒に生活はしたくないのか。その辺りの自分の気持ちをゆっくり見つめてほしいの」

「よくわからないんですけど？　お母さんと一緒に住まなくてもいいってことですか？　ずっと、家に帰らなくてもいいってこと？」

「そうね。もし、洋子ちゃんが家に帰りたくないし、お母さんにも会いたくないんだったら、それは可能よ」

「ほんとに？」

洋子の目が一瞬輝いた。

「その場合、洋子ちゃんは家じゃなくて児童養護施設で生活するか、あるいは里親さんといって実のお母さんの代わりになってくれる人のところで生活をすることになるわ。その二つから選ぶしかないんだけどね」

「施設か里親……？」

「イメージできないわよね。施設っていうのは、洋子ちゃんと同じぐらいの年の子どもから二歳の小さい子どもまでが一緒に生活している場所なの。だから、話し相手には困らないと思うけど、集団生活だから窮屈《きゅうくつ》な面もいっぱいある」

「じゃあ、里親は？」

「里親さんは洋子ちゃんの親になってくれる人と生活するイメージかな。里親さんのお家《うち》で一緒に住むわけだから、気を使うだろうし、里親さんと気が合わないと居辛くなることもある。どちらにも、一長一短があるのよ。ごめんね、選択肢が少なくて」

「でも、家以外に生活できる場所があるんですね……」

洋子は少しホッとしたような、嬉《うれ》しいような微妙な表情を浮かべた。

「じゃあ、洋子ちゃん、お母さんとのことじっくり考えといてね」

「はい、わかりました。あ、それと、学校にはいつから行けるんですか？」

「それがね、一時保護所からは通学できないのよ。洋子ちゃんが早く学校に通いたいなら、さっき話した児童養護施設か、里親さんに一時保護を委託《いたく》して、そこから通ってもらうことはできるわ。その方がいいかな？」

洋子は目を閉じて首を少し傾《かし》げながら悩んでいるようだった。

「児童養護施設や、里親さんの雰囲気《ふんいき》や様子もわかるから、いいかもしれないけど。どちらを選択したとしても、もし、どうしても馴染《なじ》めそうになかったら委託《いたく》先を変えることもできるのよ。どう？」

洋子は、パチリと目を開くと意を決したように言った。

「できれば学校には早めに行きたいです」

「わかった。じゃあ、できるだけ早く一時保護委託をする方向で進めるね。今の段階でどっちがいいっていう希望はある？」

「あの、児童養護施設には自分の部屋ってありますか？」

「一人一部屋じゃないのよ。洋子ちゃんの年齢なら二人部屋ね」

「里親さんのところは？」

「里親さんのところは一般のお家《うち》だから、一部屋を洋子ちゃんの部屋にしてくれるけど」

「そうですか。私、すごく人見知りする方だから、できれば一人の部屋がある方が気持ちが落ち着くと思うんです……。だから、里親さんの方が私にはいいように思います」

「そう。わかったわ。じゃあ、その方向で考えるから、もう少し時間をくれるかな」

「はい、お願いします」

事務所に戻ると田丸は慌《あわ》ただしく動いた。

「西村さん、悪いんだけど午後から洋子ちゃんの検査やってくれる？　WAIS-Ⅲ《ウェイスースリー》とバウムの二種類」

「わかりました」

「それと、市役所から洋子ちゃんの戸籍謄本取るからその決裁も取っといて。洋子ちゃんが継父《けいふ》の養子になってるようなら養子縁組の解消をしないといけないから」

「了解です。ほかには？」

「とりあえずそれでいいわ。私は城西高校に行って校長と担任に事情を説明してくる。その後、警察に行って状況を確認してくるわ。ちょっと、里崎君、面接入ってるの？」

「今日は珍しく午前中は空いてるんだよな」

「じゃあ、一緒に来てよ。道々お願いしたいこともあるし」

「せっかく記録書いてるのに……。まあ、いいんだけどさ」

「うだうだ言ってないでさっさと準備して。洋子ちゃんの件なのよ！」

「それを早く言ってくれよ。すぐに出れるぞ」

「じゃあ、まずは高校から行こうか」

車に乗り込むと、里崎は少しふざけながら田丸に問いかけた。

「それで、俺にお願いってのは何なんですかね～。命令することはあっても、お願いなんて珍《めずら》しいですよね～。すごく不気味なんですけど～」

「失礼ね。何よ、命令って。私がすごく偉そうにしてるみたいじゃないの！」

「偉そうじゃないみたいじゃないか」

「何それ。いつも優しく指導してあげてるのに。もっと感謝しなさいよ、まったく」

「で、何なんだよ、お願いって」

「里崎君ってキャッチボールできる？　私、球技は苦手なのよ」

「できますとも、キャッチボールぐらい。子どもの頃、結構やりましたからね〜」

「そう！　良かった。じゃあさ、洋子ちゃんとキャッチボールしてあげてよ。彼女ソフトボール部でピッチャーやってるのよ。一時保護中はいろいろストレスが溜《た》まるからときどきキャッチボールができればリフレッシュできるかなって」

「いいね！　任せてくれ。今までの田丸の依頼の中で一番いい仕事だな」

「ほんといちいちムカつくわ。ちゃんとやんなさいよ！」

「わかってますよ。ちゃんとやりますよ。もう着きますから、怖い顔やめてもらえますかね。校長先生がビビるといけませんから」

城西高校に着くと田丸と里崎は校長室に向かった。校長室に洋子の担任を呼んでもらい段取り良く状況を説明した。もちろん洋子が性的虐待に遭《あ》ったということは話さず、継父《けいふ》から暴力を受けていたので一時保護したと説明した。性的虐待については情報が漏《も》れないように、情報の共有は最小限にするのが鉄則だからである。田丸は、児童養護施設などに一時保護委託《いたく》ができるまでは、学校を休むことになるので、クラスメイトにはインフルエンザにかかったと説明するよう、担任に依頼した。担任は、もし休みが長くなったらどうしようと、不安げに田丸に尋ねた。田丸は、その場合は肺炎を併発《へいはつ》したので少し時間がかかると説明してくださいと即答した。経過は逐一《ちくいち》報告するので安心してほしいと校長、担任に伝えると二人は警察に向け出発した。

南署に着くと二人は川崎刑事から取り調べの状況を聞いた。

「それで、どんな感じですか？　パクられたらビビッて正直に吐《は》きましたか」

「いやいや、完全否認だよ。事実無根だと言い張ってるよ。医大から提供を受けた検体は今DNA鑑定に出してるけど、シャワーをしっかり浴びてるってことだし、いい結果は出ない気がするな」

「ですよね……」

田丸はがっかりした表情を見せた。

「ただ、ガサ入れでさっきゴミの中からコンドームを発見したって報告受けたから、精液のDNAが里見と一致してコンドームに付着してる膣液《ちつえき》から被害者のDNAが出れば、何もやってねえなんて言い逃れはできなくなる」

「そうですか！　今日はゴミ収集の日ですものね」

「まったく、間一髪だったよ」

「洋子ちゃんにはずいぶん辛い思いをさせたけど、昨日のうちに事情聴取をしたことが証拠《しょうこ》保全には繋《つな》がったってことか。あ～、複雑……」

「まあ、複雑な気持ちになるとは思うけど、前向きに考えよう」

「そうね……。川崎刑事、性的虐待は物証が出ることはほとんどないから、そのコンドームは貴重ですね」

「その物証で何もかも認めてくれればいいんだが……まあ、検査の結果を含めて、ちょこちょこ連絡入れるよ。被害児から追加の調書をとる必要もあるから、そっちにもまた行くと思う。協力してくれよ」

「わかりました。でも、もしまだ聴取が必要な場合、回数はあと一回にしてくださいね。彼女に精神的な負担がかかりますから」

「十分考慮するよ。あんた、怖いからな」

「あ、それと、継父《けいふ》が逮捕される際、母親はどんな感じでしたか？」

「ずいぶん騒《さわ》いでたな。娘が嘘《うそ》ついてるだけだって。自分の娘が信じられないのかねえ、まったく」

「そうですか……。川崎さん、今回は、迅速に対応いただいて本当にありがとうございます」

「いや、そっちの連絡が早かったからだよ。田丸さん、あいつは一筋縄ではいかんと思うよ。長くなると思っといてくれ」

「わかりました。じゃあ、失礼します」

田丸が時計を見ると、もう十二時を過ぎていた。

「里崎君、今日もお弁当？」

「いや、今日は弁当注文してない」

「そう。それじゃあ昼ご飯に行くか。久しぶりに食べたいパスタがあるのよ」

二人は幹線道路から外れた住宅街の細い路地を進んだ。一見すると普通の民家に思えるような目立たない作りの店だった。車から降りるとニンニクが炒《いた》められた香ばしい匂いが漂ってきた。わかりにくい場所にあるわりには、店の中はほぼ満席だった。二人がカウンターに腰かけると、人の良さそうな老婆がすぐに水をサーブしてくれた。

その水を口にした里崎は「ん？」と思った。それはただの水ではなかった。爽《さわ》やかなハーブの香りと仄《ほの》かにレモンの風味が感じられる清々《すがすが》しい水だった。

「お水おいしいでしょ。あのおばあさん、ハーブが好きで詳しいのよ。毎回季節にあった香りを楽しませてくれるの。ちょっと、ホッとするでしょ」

「気分が落ち着くな。それで、何を頼むんだ？　俺も同じもの頼むからさ」

「そう、じゃあ、アンチョビときのこと大葉のパスタ。シンプルだけどおいしいのよ」

暫《しばら》くすると、食欲をそそる香りの湯気を立てながらパスタが運ばれてきた。少し抑え気味のニンニクの香ばしい香りと一緒に、細く刻まれた大葉の爽やかな香りが絶妙《ぜつみょう》なバランスで立ち上ってくる。大葉の鮮やかな緑が美しく彩《いろど》りを添えていた。

「はあ〜、食べる前に既《すで》においしいことが約束されてる感じだな」

「でしょう〜。わ〜久しぶり、この香り。いただきま〜す」

口に含むと、アンチョビ独特の風味と塩加減がニンニクと大葉の香り、そしてシメジの歯ごたえと混じって、何とも旨《うま》かった。

「上手に表現できないけど、無茶苦茶《むちゃくちゃ》旨いな」

「良かった、気に入ってくれて。さあ、一時《ひととき》の幸福に浸《ひた》ったら、午後からまた頑張りましょう」

「そうだな。おいしいものは元気をくれる。いやあ、実に旨い」

二人はほんの一時の和《なご》やかな時間を楽しんだ。エスプレッソを飲み干すと田丸は伝票を持ってスタスタとレジに向かった。

「田丸、いくらだ?」

「いいわよ、たまには奢《おご》るわ。急に付き合わせたんだし。帰りも安全運転で頼むわよ」

「じゃあ、遠慮なく、ご馳走様《ちそうさま》です。田丸、ちょっと気になることがあって。さっき川崎さんが長くなるって言ってたけど、どういうことだ?」

田丸は憂鬱《ゆううつ》な表情を浮かべた。

「ああ、あれ。継父《けいふ》が素直に罪を認めるような男じゃないってことよ。現状では継父はレイプ自体をやってないって言ってる。もし、今日ゴミ箱から発見されたコンドームから継父と洋子ちゃんのＤＮＡが出たとしても、継父はレイプを認めないってことだと思うわ」

「どういうこと？　ＤＮＡが出れば継父がレイプした厳然《げんぜん》たる証拠《しょうこ》じゃないか」

「だから、レイプを認めないってことよ。多分、今度は洋子ちゃんと同意の上でセックスしたって訴えるだろうって、川崎刑事は踏んでるのよ」

田丸の眉間《みけん》に深い皺《しわ》が刻まれた。

「同意って……、同意なわけないじゃないか！　何だよ同意って！」

「相手の女の子が十三歳未満なら、仮に双方が同意でセックスしたとしても強姦罪《ごうかんざい》が成立するの。でもね、十三歳以上で十八歳未満の女の子の場合は同意でセックスした場合には強姦罪ではなくて、児童福祉法違反になるから、刑が軽くなる可能性が強いの」

「何だよそれ！」

「要するに刑務所に入ってる時間が短くなるわけよ。同意の有無を証明するのって難しいでしょ。継父はそこを狙《ねら》ってくるだろう。それぐらい狡猾《こうかつ》な男だって川崎刑事は言ってたのよ」

「な、何て奴《やつ》だ！　まったく、潔《いさぎよ》さの欠片《かけら》もない許せん男だ！　卑劣《ひれつ》極まりない！」

「問題はそれだけじゃないわ。それは即《すなわ》ち、洋子ちゃんが証人として法廷に出廷させられる可能性が高いってことも意味してるの」

「この上、彼女にさらなる負担を強《し》いることに……」

「私、絶対許さない。絶対に」

二人は憤《いきどお》りと怒《いか》りに熱く燃えていた。里崎はハンドルを強く、強く握りしめていた。

「ともかく、安全運転で」

「う〜〜、はい……わかってます……」

心に温もりを……

その日の午後、西村は、洋子に発達検査を行った。洋子の全検査ＩＱは百三で、平均的かつバランスのいい能力の持ち主であることがわかった。記憶、認知面の能力も何ら問題がないことから、事件に関しての洋子の証言については、本人が嘘《うそ》をついていない限りは正確であろうと確認された。

西村は、事務所に戻ってきた田丸に、洋子の発達検査の結果を丁寧《ていねい》に伝えた。それから、一枚の絵を田丸の前に差し出した。その絵を見た田丸の表情が明るくなった。

「これって、洋子ちゃんが……」

「ええ、そうです」

西村は小さく頷《うなず》くと優しく微笑んだ。西村が田丸に差し出した紙には、小さなリンゴの実をいくつか実らせた木が描かれていた。バウムテストの結果だった。

「思ってたよりずっといいじゃない。あの子すごい子ね。よくあんな酷《ひど》い環境で育てられながら、この木を描けたわね」

「でしょう！　私もそう思いました。リンゴの実も小さくて、数もそれほど多くはありませんけど、地面を摑《つか》む根っこは描けてます。幹は細いですけど、傷や穴もなく真《ま》っ直《す》ぐ伸びてるし、コンパクトだけど樹冠《じゅかん》もバランス良く描けてます」

「そうね。あの子、よくこんなに素直に育ったものね。心の芯が強いしっかりした子なのかも。全体として自信のなさはあるけど、バランスはいい状態ね」

「リンゴの実の大きさや数からして、夢を大きく描けてるわけではないみたいですが、夢がないわけじゃないですからね」

「そうね」

「幹の細さや、根っこの張り方が少し弱々しいから、自信のなさは見てとれますね。でも、どちらも歪《ゆが》んだ感じがないですから、彼女の素直な心根が窺《うかが》えます」

「ええ、とりあえずホッとできる絵だと思えるわね」

「樹冠が少し小さめですから、気持ちのエネルギーは少し足りない感じですかね。でも悪くないですよ」

「紙からはみ出そうなほど大きな樹冠を描かれると、感情が爆発しそうなエネルギーを内在してるのかと不安になるし、小さすぎるとエネルギーが枯渇《こかつ》してて心配なわけだし」

「彼女が育ってきた環境を考えると、このバウムの結果はほとんど奇跡のように感じるんですけど」

「確かにそうね。これならいけそうな気がする。でも、気を抜かずトラウマケアはしっかりやっていきましょう。念には念を入れなくちゃ」

「わかりました」

「私、彼女これからきっと良くなると信じるわ」

「ええ、もっと伸びると思いますよ。いい里親さん見つからないかな」

「彼女を立派に成長させてくれる里親さんが必要ね」

二人は、洋子の明るい未来を願った。


四時過ぎ、里崎の面接が終了すると、田丸は里崎を連れて一時保護所に向かった。

「洋子ちゃん、ちょっといい？」

「あ、田丸さん。何ですか？」

「少し、リフレッシュしようか。キャッチボールしない？」

「え！　できるんですか！」

「私は駄目《だめ》なんだけど、助っ人を連れてきてるから。かなり頼りないと思うんだけど、我慢《がまん》してね。悪い奴《やつ》じゃないから」

田丸と洋子が中庭に出向くと、里崎が嬉《うれ》しそうにグローブをはめて待ち構えていた。

「洋子ちゃん、ケースワーカーの里崎君。彼がキャッチボールしてくれるから。遠慮はいらないからね。ビシビシ投げてやって」

「こんにちは。里崎です。よろしく。じゃあ、早速始めようか」

「あの、里崎さんはソフトボールの経験あるんですか？」

「ソフトボールはないけど野球は経験あるから大丈夫だよ」

「洋子ちゃん、いいの、いいの。気にしないでいいから。じゃんじゃん投げてよ」

「そ、そうですか？　じゃあ、遠慮なく」

初めのうちは肩慣《な》らしにごく普通のキャッチボールが続いた。里崎も余裕を持って楽しんでいた。洋子の明るい笑顔が嬉しかった。二人が和《なご》やかにキャッチボールを楽しんでいると、田丸が里崎に声をかけた。

「じゃあ、里崎君、そろそろ座ってもらおうかな」

「え？　座るって何？」

「言ったでしょ。洋子ちゃんはピッチャーなんだって。早く座ってキャッチャーやってよ。練習になんないでしょ」

「ああ、そっか。わかった。よし、洋子ちゃん思いっ切り投げてきてよ」

里崎はそう言うと、笑顔を見せながらグローブを拳《こぶし》でバシバシと鳴らした。

「じゃあ、いきますよ。大丈夫ですか？」

「大丈夫、大丈夫。よし、こい！」

洋子の右腕がゆっくりと小さな円を描きながら振り上げられると、次の瞬間彼女の膝《ひざ》からソフトボールがものすごい勢いで発射された。

「ひっ！」

里崎は思わず身をのけぞらせた。

「こら！　何逃げてんのよ。ったく、意気地がないわね！　何がよし、こいよ。ビビってんじゃないわよ！　しっかり取んなさいよ！」

田丸の檄《げき》が飛んだ。

「そ、そんなこと言ってもあんな剛速球が飛んでくるなんて思ってないよ、こっちは！　ちょ、ちょっと洋子ちゃんも手加減してよ～」

「洋子ちゃん、手加減しちゃ駄目《だめ》よ。フルパワーで投げてちょうだい」

「何勝手なこと言ってんだよ！　殺す気か！」

「死なないわよ、まったく大層なんだから」

その様子を見て、洋子はクスクス笑っていた。

「里崎さんすいません。次はゆっくり投げます」

「頼むよ～。手加減してよ～。徐々にスピード上げるようにしてよ。ほんと頼むよ」

初めのうちは洋子の投げるボールをなかなか上手くキャッチできなかった里崎だが、持ち前のガッツで徐々に洋子のスピードボールをしっかりキャッチできるようになっていった。洋子もそんな里崎の上達ぶりを確かめながら、ボールのスピードを上げていった。

四十分もすると洋子も里崎も真剣な表情で練習に打ち込むようになっていた。時折《ときおり》、洋子は何とも言えないいい笑顔を見せながら、里崎の構えるグローブ目がけて速球を投げ込んだ。それはまるで、父と娘がキャッチボールを楽しんでいるように見えた。

「じゃあ、今日はこのぐらいにしようか。里崎君もそれなりになったし」

「何がそれなりだよ、偉そうに！　滅茶苦茶《めちゃくちゃ》頑張った方だぞ！　なあ、洋子ちゃん」

「はい。かなりセンスあると思います。こんなに短時間であそこまで取れるようになるんですから」

「駄目駄目、洋子ちゃん、簡単に褒《ほ》めちゃ。すぐに調子に乗るんだから」

「でも、ほんとにすごいと思います。私、すごく嬉《うれ》しくて。もし、お父さんがいたら、こんな風にキャッチボールしてくれたのかなって。里崎さんからボールが返ってくるたびに、頑張れ、頑張れって励ましてくれてるみたいで、本当にすごく楽しかったです。里崎さんありがとうございます」

「い、いや。もっと上手くできれば良かったんだけど、なかなかね。でも、ちょっと慣《な》れたから、次回はもっと上手く取れると思うよ」

「また、やってくれるんですか！　嬉《うれ》しい！　今日はほんとにありがとうございました」

大したことは何一つやっていない。ほんの四十分ほどキャッチボールをしただけなのだ。それを、こんなにも喜んでくれる洋子の気持ちを考えると里崎は胸が苦しくなった。父を知らず、母の愛を知らず、暴力に脅《おび》えながら必死で生きてきた洋子にとって、里崎との何気ないキャッチボールがとても新鮮で、温もりに満ちた豊かな時間だったのだろう。里崎の中に父をイメージしたのかもしれない。この子の力になりたい。里崎もそう強く思った。

「ありがとう、里崎君。洋子ちゃん、嬉しそうだったわ。本当に嬉しそうだった」

田丸が里崎の労をねぎらうように笑顔で言った。

「俺は何もしてないよ。田丸、彼女はいい子だな。あんな酷《ひど》い虐待を受けてきたのに、とても素直だ。奇跡だよ、奇跡。何としても幸せになってほしいな。いや、彼女は幸せになるべきだ」

「そうね……」

田丸は、思春期の洋子の生活を一日も早く安定させたいと思った。性的虐待を受けた洋子が少しでも安心できる里親を早く探さなくてはいけない。家庭的で女の子のプライバシーの確保もできる環境が必要だと田丸は考えていた。洋子を託《たく》せる里親とは一体誰だろう？　高校を転校させないためには、同じ市内に住んでいる里親から選ぶ必要がある。田丸は思いを巡《めぐ》らせた。その夜、田丸はそれぞれの里親の顔を思い浮かべながら、リストをじっくりと確認した。そして、ついに一人の里親に思いを決めた。

翌日、所内の受理会議において、洋子の一時保護委託《いたく》先が検討された。田丸は手際《てぎわ》よく洋子のケースの詳細や発達検査、バウムテストの結果、一時保護中の様子などについて報告した。そして、洋子本人が早期の登校と里親への一時保護委託を希望していることから、市内在住の里親への委託を最優先すべきであると説明した。

「以上の経過から、私は専門里親の龍野さんへの委託が適切ではないかと考えています」

田丸の意見に対して前山次長が口を開いた。

「龍野さんか……。確かに龍野さんは経験豊富だし、被虐待児への対応もできる専門里親として、十分な研修も受けてくれている。しかしな、先月、旦那さんを亡くしたばかりだぞ。まだ、気持ちの喪失感は十分に癒えてないんじゃないか？　今、龍野さんに洋子ちゃんをお願いするのは厳しくないか。負担が大きすぎるように思うが」

「確かにそうです。私もその点は考えました。でも、市内でほかの里親さんとなるとすべてご夫婦で里親をなさってる方ばかりでした」

「年配の里親さんなら夫婦でも大丈夫じゃないか？」

「お言葉ですが、次長。洋子ちゃんは気丈《きじょう》に振る舞っていますが、一つ屋根の下で、男の人が同居しているというのは、相手がいくら年配の優しい里親さんでも、やはり大きなストレスになると思います」

「その辺りの感覚は担当ワーカーの見立てを優先すべきだろうな」

前山次長は田丸の感覚を信じようと考えている様子だった。田丸はすかさず補足説明を行い、龍野への里親委託《いたく》を押した。

「龍野さんのところなら奥さんだけですし、あの方は以前にも思春期の女の子を預かってくれた経験もあり、その時の対応も必要以上に干渉せず児童本人の意思を尊重する素晴らしいものでした。ご主人を失ったばかりで辛い時期だとは思いますが、あの方しかないと思います」

「ん〜。どうですか、所長」

「そうですね。難しいところですが、性的虐待のケースですからね。田丸さんが言うとおり、男性と一緒に住むのはいろんなことを思い出して辛いかもしれませんね。一般の民家だと、どうしても距離感が近くなりますから。フラッシュバックの心配もありますしね。一度、龍野さんに当たってみますか。ただ、龍野さんの気持ちも十分考慮してください」

「ありがとうございます。さっそく龍野さんに連絡してお会いするようにします」

「無理強《じ》いはいかんぞ、田丸さん」

「わかってますよ。次長、最近一言多くなりましたよね」

「悪かったね。慎重なんだよ、わしは」

前山次長は笑顔で返した。

田丸は会議が終わると、午後に予約の入っていた二件の面接を済ませ、龍野のもとへ向かった。洋子の通う城西高校から自転車で西へ二十分ほどの閑静《かんせい》な住宅街に龍野の家はあった。小さな門扉《もんぴ》を開けると、綺麗《きれい》に掃き清められた花崗岩《かこうがん》の細い階段が玄関へと続いており、玄関の引き戸は開放されていた。玄関前に立った田丸の鼻に、ほのかな線香の香りが漂ってきた。田丸が声をかけると、廊下の奥から龍野が笑顔で現れた。

「田丸さん、久しぶりですね。さあ、どうぞ、どうぞ」

「失礼します。ほんとにご無沙汰《ぶさた》してしまって。急にお電話差し上げた上、押しかけてきてしまって……」

「そんなことないわよ。暇にしていたから、嬉《うれ》しかったわ」

「お線香、あげさせてもらっていいですか?」

「ありがとう。主人も喜ぶわ」

田丸は、仏壇に線香をあげると、静かに手を合わせ目を閉じた。自分が以前担当していた中三の女の子を委託しに来た日のことが思い出された。龍野の夫の在りし日の優しい笑顔が去来《きょらい》した。

「何だか、まだ、そっちのリビングから旦那さんが声をかけてきてくれそうな気がします。あんなにお元気だったのに……」

「そうなのよ。脳卒中でね。あっという間のことだったから……。ときどきまだ声が聞こえるような気がするのよ」

「そうでしょうね。ほんとに仲が良かったですもんね」

予想はしていたものの、田丸はやはり気が咎《とが》める思いがした。長く病気をしていたわけではなく、突然に夫を亡くした龍野の心の喪失感を思うと、自分が今からお願いしようとしていることが、如何《いか》にも自分の勝手な思いに支配された強引な仕業《しわざ》のように思えたからだ。田丸が洋子のことを言い出せずにいると、龍野が田丸に語りかけてきた。

「それで、今度はどんなお子さんをお預かりすればいいのかしら？」

龍野は優しく微笑みながら田丸にそう切り出した。田丸は驚いて龍野の顔をじっと見つめた。龍野は、大丈夫、遠慮せずにおっしゃいというような表情で田丸の言葉を待っている様子だった。

「いいんですか？　お辛い時期だと思いますが」

「だって、それでも田丸さんがうちに来たってことは、私じゃないと駄目《だめ》なケースなんでしょ。主人だって、きっとお受けしなさいってあっちで言ってると思うし」

「あ、ありがとうございます。無理を承知でお願いします」

田丸は、深く頭を下げた。

「よしてよ。私と田丸さんの仲じゃないの。頭を上げてちょうだい。私も一人で家にいるより、その方がいいと思って」

田丸はゆっくりと頭を上げると、洋子の話を始めた。洋子が継父《けいふ》から性的虐待を受け保護されたこと。幼い頃から実母《じつぼ》の虐待を受けて育ったこと。発達検査の結果や、一時保護所での生活態度に至るまで、詳しく説明を行った。

「そう……。ずいぶん辛い目に遭《あ》ったのね。それで、田丸さんは委託《いたく》先として、女一人の我が家がいいと考えたわけね」

「そうなんです。所長も、次長もずいぶん慎重だったんですが、私がどうしても龍野さんにお願いしたいと押し切る形で……」

「ふふふふ……。あなたらしいわね。是非《ぜひ》、うちでお預かりさせてください。私にどの程度のことができるかわからないけど、精一杯、洋子ちゃんの心に寄り添えるように頑張ってみるわ。主人が亡くなってすぐっていうのも、何だか運命のような気もするし」

「ありがとうございます！　私もできる限り協力します。よろしくお願いします」

田丸が龍野の家を訪問している頃、里崎は西村と一緒に洋子とキャッチボールをしていた。里崎もずいぶん慣《な》れたのか、洋子の投げるボールもかなりのスピードに達していた。

「大丈夫ですか、里崎さん。もう少し抑えて投げましょうか？」

「大丈夫だよ。大分慣れてきたから。徐々にスピード上げていってくれていいよ」

「洋子ちゃん、里崎さんもあんな風に言ってるんだから、マックススピードで投げればいいのよ。遠慮してちゃ、練習にならないんでしょ？　思いっ切り投げてみてよ。里崎さんがどうなるのか見てみたいし」

「西村さん、自分が受けないからって勝手なこと言わないでよ！　見てる以上に大変なんだからね！」

「だって、慣《な》れたって言ってたじゃないですかあ〜！　慣れてないんですか？」

「いや、慣れたけど、マックスは駄目《だめ》なんだよ、マックスは！」

「ふ〜ん。何か面倒臭いですね、里崎さんって」

洋子は西村と里崎のやり取りを楽しそうに見つめていた。そして、里崎とキャッチボールをしながら、いろいろな会話を楽しんだ。

「里崎さんは、結婚してるんですか？」

「まだ、独身なんだよ」

「そうですか？　優しくてモテそうなのに」

「そんな風に言ってくれるのは、洋子ちゃんだけだよ」

「そんなことないでしょう？」

「そんなことあるんだよ。周りの女性はみんな厳しくてね」

「田丸さんも、西村さんも優しくて素敵じゃないですか」

「洋子ちゃんは知らないんだよ。あの二人の怖い姿を」

里崎の言葉に西村がすぐに反応した。

「里崎さん、聞き捨てなりませんね。失礼な！」

「ほらほら、洋子ちゃん、見た、今の。怖いだろ〜」

洋子は二人のやり取りを楽しそうに聞きながらキャッチボールを続けた。

「ところで、里崎さんって、小さい頃のお父さんやお母さんとの思い出ってありますか？」

「そうだな〜。大してないけど、強《し》いて言えば、おふくろが毎晩絵本を読んでくれたことぐらいかな。いろんな本を読んでもらうのが楽しみでさ。ワクワクしてたのは覚えてるよ。親父とはよくカブトムシを一緒に取りに行ったぐらいかな」

「へえ〜、絵本を読んでもらったんですか。いいなあ〜。お母さんに絵本読んでもらうのって嬉《うれ》しいんだろうなあ〜。安心してぐっすり眠れそうな気がする。いいなあ〜。私、親に本なんて読んでもらったことないんですよ。いいなあ〜。あれ？　里崎さん、どうかしましたか？」

「あ、いや、何でもない。ちょっとボ〜ッとしちゃって。ごめん、ごめん」

里崎はソフトボールをミットに受け止めたまま、一瞬固まってしまっていた。洋子の生い立ちを知っていながら、無思慮《むしりょ》にも両親との幸せな生活を話していた自分が許せなかった。彼女には親子が普通に共有すべき温かな時間などなかったのだ。そのことを十分知っていながら彼女の気持ちに寄り添わず、気遣うこともできずに、べらべらと家庭の話をしていた自分が何とも冷たい人間に思え、恥じ入るほかなかった。洋子に悲しい思いをさせたのではないだろうか？　そう思うと、急に心が窒息しそうに苦しくなった。

ふと、洋子の顔を見ると、彼女は、相変わらず嬉《うれ》しそうな笑顔を湛《たた》えながら、里崎にボールを勢いよく投げ込んできた。彼女の投げ込んでくる力強いボールが、余計なことを考えずに楽しんで！　私はとっても楽しいよ！と里崎に語りかけているように思えた。確かに彼女のこれまでの人生はとても辛いものだったことに間違いはない。しかし、彼女は今絶望しているだろうか？　そうではない。彼女は今未来に向かって進もうとしている。自らの足で自らの人生を切り開こうとしている。そんな彼女に今自分が抱いたような安っぽい同情など、無礼極まりないものではないか！　里崎は目の前にいる洋子とのキャッチボールを全力で楽しむことにした。

「よ〜し、洋子ちゃん！　思いっ切り投げておいで！　がっちり受け止めてやる！　さあ、こい！」

「大丈夫ですか〜？　知りませんよ〜。じゃあ、遠慮なくいきますね」

洋子の右腕が勢いよく振られると、ものすごい勢いでボールが里崎のミットに突き刺さった。

「いってぇ〜！　やっぱ、すごいな〜。手の平がジンジン痺《しび》れてるよ」

「大丈夫ですか！　ごめんなさい。ほんとに本気で投げちゃった！」

「いいの、いいの。洋子ちゃん、気にしないでガンガンいっちゃおう！」

「だから、それは西村さんが言うセリフじゃないだろ！　でも、洋子ちゃん、ほんとにガンガンいこう。絶対受け止めるから」

「はい！」

里崎は、洋子にボールを投げ返すたびに、心の中で、頑張れ！　頑張れ！と気持ちを込めた。この子の力になりたい。幸せになってほしい。里崎は心に強く願った。


六時過ぎ、田丸が事務所に戻ってきた。

里崎と西村がほぼ同時に田丸に声をかけた。

「どうでしたか？」

田丸はにっこり笑うと、大きく頷《うなず》いた。

「OKもらえた。是非《ぜひ》、うちでお預かりしたいって言ってくれたの」

「そうですか！　良かったですね！」

西村の表情がパッと明るくなった。

「洋子ちゃんに話して、できるだけ早く面会してもらうことにするわ」

田丸の声が弾んでいた。

「何か俺にできることがあったら遠慮なく言ってくれ」

「しっかり、キャッチボールしてあげて。いいわね！」

「やってますよ。でも、良かった。本当に良かった」

事務所中が明るい雰囲気《ふんいき》に包まれていたその時、田丸の机の電話が鳴った。

「はい、中央子ども家庭センター、田丸です。はい、はい……」

田丸の表情が見る見るうちに険《けわ》しくなっていった。

「どうしたんですか？」

不安に感じた西村が田丸に歩み寄った。

「川崎刑事から。押収《おうしゅう》したコンドームから継父《けいふ》と洋子ちゃんのＤＮＡが検出されたって。継父は何もしていないっていう主張から、レイプじゃなくて同意の上でのセックスだったたって主張を変えたらしいわ」

「やっぱり……」

西村が唇《くちびる》を嚙《か》んだ。

「洋子ちゃんが誘ってきたから仕方なかったたって言ってるらしい。今までは、洋子ちゃんを気遣って何もなかったと嘘《うそ》をついてたんだって主張してるらしいわ」

穏やかだった事務所の雰囲気は一変した。

「何て奴《やつ》だ！　まったく許せん奴だな！　よくそんな無茶苦茶《むちゃくちゃ》なことが言えたもんだ！」

里崎はどこまでも卑怯《ひきょう》な継父の姿に激昂《げきこう》した。

「予想はしてたけど……。川崎刑事から、検事が検察側の証人として出廷してもらう必要があるから、準備しといてほしいって話してたって」

「誰が出廷するんですか？」

西村が心配そうに田丸に尋ねた。

「とりあえず、今のところは私だけだけど、状況によっては洋子ちゃんにも出廷してもらわないといけないかもしれないって」

「そんなあ〜！　洋子ちゃんには負担が大きすぎるよ！　継父が嘘ついてるのは明白じゃないか！」

里崎が気色《けしき》ばんだ。

「そんなことわかってるわよ！　でも、司法の場で白黒つけるっていうのはこういうことなのよ。洋子ちゃんには、私と西村さんからもう何度もこういう事態になるかもしれないってことは説明してるわ。彼女は覚悟ができてると思う。でも、今まで以上に全力で彼女をフォローしないと。西村さん、里見の戸籍謄本は届いてる？」

「まだです」

「じゃあ、来たらすぐに教えて。母親と里見が籍を入れてるなら、洋子ちゃんは里見の養子になってるはずだから、養子縁組の解消を弁護士に依頼するから」

「母親の親権はどうしますか？」

「それは、洋子ちゃんに聞いてから決めるわ。裁判に備えて一時保護中の洋子ちゃんの生活態度について詳細にまとめるように一時保護課に念押ししといて。それと、この前の発達検査の結果もしっかりまとめておいてね」

「了解です」

「田丸、俺に何かできることは？」

「里崎君はキャッチボールを」

「いや、それはわかってるけど……」

「洋子ちゃんはあなたのことを父親のように感じているのよ。面接するといつもあなたとのキャッチボールの話を楽しそうにしてる。父親を知らない彼女にとって、あなたとのキャッチボールの時間はとても貴重な時間になってると私は感じたわ」

「そうなのか……。わかった。全力で頑張る」

「じゃあ、私は今から洋子ちゃんに里親の龍野さんのことを話してくるわ。みんなそれぞれ仕事が溜《た》まってて大変だと思うけど、暫《しばら》く力を貸してちょうだい！」

事務所にいた誰もが、田丸を見つめ、黙って力強く頷《うなず》いた。洋子を守るために全員ができる限りのことをしようと思っていた。

田丸は一時保護所の面接室で洋子とじっくりと話をすることにした。

「こんばんは。調子どう？　何かしんどいことはない？」

「大丈夫です。どの先生も優しいし、小さい子たちはすごくかわいいし。それに、里崎さんはキャッチボールをしてくれるし。こんなに安心して生活するのは初めてです」

「そう。里崎君は少しは上達した？　頼りないでしょう？」

「そんなことないですよ。里崎さんって、何か不思議な人で……。キャッチボールしてるとすごく安心できるんです。何か、優しい性格が滲《にじ》み出てるでしょ、里崎さんて」

「そうね。彼は本当に優しい人よね。正義感が強くて、正直に馬鹿がつくぐらいで」

「ふふふふ……。ほんとそうですよね。でも、里崎さんみたいな人がお父さんだったらすごく楽しいだろなって思います」

「そっかあ。里崎君大人気だね」

「はい」

洋子はとてもいい笑顔を浮かべた。

「じゃあ、里崎君にキャッチボール頑張るように言っとくね。さてと……。洋子ちゃん、私、今日はちょっと話したいことがあって来たのよ。今、疲れてない？」

「大丈夫です」

「この前話した里親さんなんだけど、一人いい人が見つかったの。その人のお家《うち》は城西高校から自転車で二十分ほどだから高校にも通いやすいし、最近旦那さんが亡くなったから奥さんは女性の一人暮らし。洋子ちゃんが気を使わなくていいかなって思ったの。良かったら一度会ってみてくれるかな？」

「はい。ありがとうございます。その人は厳しい人ですか、それとも優しい人ですか？」

「とっても優しい人よ。洋子ちゃんとなら、きっと気が合うと思うのよね。私もとっても仲がいい人だから」

「田丸さんが仲のいい人ならきっと優しい人なんですね。安心しました。それで、いつ会えるんですか？　明日ですか、それとも明後日？」

「そんなに早くて大丈夫？　心の準備とかいいの？」

「はい。学校に早く行きたいし」

「あ、そうかあ〜。確かに、それはそうだね。じゃあ、早速、里親さんに話してできるだけ早く会えるようにするね。龍野さんっていう女性で、年は五十九歳。細かいことは言わない大らかで優しい人だから、安心して」

「はい」

「それと、もう一つ。お母さんのこと。これから先の洋子ちゃんの生活をどうするか考える上で、お母さんとどんな風に向き合っていくかがすごく大切で。洋子ちゃんのお母さんに対する正直な気持ちを教えてほしいのよ」

「この前、田丸さんと西村さんに言われて、そのことずっと考えてました。私にとってお母さんて何なんだろうって……。でも、どんなに考えても楽しい思い出が何もないんです。恐ろしい形相《ぎょうそう》で怒鳴《どな》られながら叩《たた》かれたことは忘れたいのに忘れられないし」

「そう……」

「今でもお母さんの恐ろしい顔が夢に出てきて飛び起きることがあるのに、あの時楽しかったなあ～っていう思い出は本当に何もないんですよ。家に帰るのは恐ろしくて嫌だったけど、家しかないから、仕方なく帰ってたっていうのが正直なところなんです。友達の家に遊びに行ったら、優しいお母さんがいて、いつも羨《うらや》ましくて、帰りたくなくて……」

「辛いことお願いしてるな、私……」

「いえ、そんなことないです。田丸さんに保護してもらって、ここに来てもう数日経ちますけど、誰にも怒鳴られないし、みんな優しくしてくれるし。家に帰らなかったら、こんなに平和に暮らせるんだと思うと嬉《うれ》しくて」

「ほんと？　集団生活だから不便もあるでしょ」

「平気です。それより、私、気がついたんです。私、お母さんのこと恋しいとか、会いたいとか全く思ってないってことに。お母さんと一緒にいなかったら平和なんだって。今までは帰るところが家しかなかった。でも、今は違う。家以外に帰るところを田丸さんが与えてくれる。だったら、どうしてお母さんと一緒に住む必要があるのかって」

「お母さんとは距離を置きたいってことかな？」

「距離を置きたいっていうか、もう会いたくありません。ずっと」

「まあ、今そこまできっぱり決めなくても……。ともかく、当分会わなくてもいいようにはできるから。今の洋子ちゃんの気持ちとしては、お母さんに会いたくないし、家にも帰りたくないってことでいいかな？」

「はい」

「わかった。じゃあ、お母さんには洋子ちゃんの気持ちをちゃんと伝えてくるね。ちょうど明日はお母さんのバイトが休みだよね。行って、ちゃんと伝えてくる。それから、洋子ちゃんには里親さんに会ってもらって、気が合えば暫《しばら》く一緒に生活してもらうね。それで、もし洋子ちゃんが里親さんとの生活が楽しく思えたら、そのまま続けるようにする。それでいいかな？」

「はい、お願いします」

「よし、じゃあ、新しい生活に向けて頑張ろう」


翌日、田丸は西村とともに母親を訪問した。

「今日は母親の意向を確認するんですよね」

西村が緊張した面持《おもも》ちで田丸に確認した。

「ええ。里親委託《いたく》に同意するかを確認しようと思ってる」

「それで、母親はどんな反応をすると踏んでるんですか？」

「わからない。でも、同意しないような気がする」

「じゃあ、母性があると？」

「そうじゃないわ。そうじゃないけど同意はしない気がする」

「私も田丸さんと同じ意見です。あのお母さんは同意しない気がします……」

半時間ほどで、車は洋子の自宅前に到着した。

「こんにちは」

「はあ～い。誰～」

「先日、お会いした田丸です」

怪訝《けげん》そうな顔をした母親がドアを開けた。

「一体何の用」

田丸の予想に反して実母《じつぼ》は攻撃的な反応を示さなかった。どうやら継父《けいふ》が一緒でなければ、それほどテンションは上がらないようだ。

「洋子さんの勉強道具や衣類など、身の回り品をいただきに来ました。それと、洋子さんの今後のことでお話があってお伺《うかが》いしました。少しお話しできますか？」

「少しだけよ」

二人は玄関脇のキッチンに通された。キッチンは予想どおり雑然《ざつぜん》としており、行き場を失ったさまざまな調味料があちこちに放置された状況だった。何日も布巾《ふきん》で拭《ふ》かれた形跡のないくすんだテーブルを挟んで田丸と西村は母と向き合った。

「それで、何の話？」

「その前にまず、洋子さんの身の回り品の整理だけ、先にやらせてください」

「隣の部屋の机の周りよ。衣類は机の隣のタンスに入ってるわよ」

「では、ちょっと失礼します」

洋子の持ち物や、衣類は高校生の女の子にしては驚くほど少なかった。最低限のもの以外は買ってもらえなかったのだろうと田丸は思った。段ボール箱四つと紙袋二つにすべてが収まってしまった。洋子の慎《つつ》ましやかな生活が感じられた。

「ありがとうございます。先に荷物を車に積んできますので」

田丸たちが荷物を車に積んで戻ると、母親は憮然《ぶぜん》とした表情で待っていた。

「さあ、それで何の話で来たの。あんたらのせいで旦那は逮捕されるし、もううちは無茶苦茶《むちゃくちゃ》よ」

田丸は、母の目を真っ直《ま》ぐ《す》に見据《みす》えて話し始めた。

「お母さんは、ご主人が当初の主張を変えられたことはご存じですよね。何もなかったという主張から、洋子さんに誘われて仕方なくセックスをしたという主張に変えられましたが、それを聞いてお気持ちが変わったんじゃないんですか？」

母は、眉間《みけん》に皺《しわ》を寄せ、怒《いか》りと、悔しさ、悲しさが入り混じったような複雑な表情を浮かべたまま黙っていた。田丸はさらに言葉を継《つ》いだ。

「何が真実なのかは別として、ご主人は、お母さんの娘さんと関係を持ったんですよ。離婚をお決めになってるんじゃないんですか？」

母親は絞り出したような小さな声で一言呟《つぶや》いた。

「……しないわ……」

「え？　今何とおっしゃいましたか？」

「しないって言ってるのよ！　あの人と離婚はしない！」

今度は大声とともに一気に無情な言葉が空気を裂いた。思わず西村が口を開いた。

「どうしてですか？　お母さんは状況が理解できていますか？　ご主人はお母さんの実の娘さんと関係を持ったんですよ。なぜ、離婚しようと考えないんですか？」

西村の声は珍《めずら》しく少し感情の高ぶりを纏《まと》っていた。

「あんたたちに何がわかるのよ！　何も知らないくせに、偉そうに！　上から目線で言わないでよ！　私にはあの人が必要なの！　あの人なしでは生きていけないのよ！」

田丸は気持ちを抑えて、とても冷静に母に尋ねた。

「洋子ちゃんをどうするおつもりですか？」

「生活に困ってスナックで嫌な客相手に毎晩遅くまで働いてた私を救ってくれたのはあの人

なのよ。店の隣の建設会社に勤めてたあの人が、こんな店で仕事をするのは辞めて、結婚しようって言ってくれたのよ！　あの人に出会うまで、私がどれだけ苦労して生きてきたか、あんたたち役人にはわかんないでしょ！」

「でも、今は、洋子ちゃんのことを考えてもらえませんか？」

「私はね、周りの人間から蔑《さげす》まれて、いつも小さくなって泥の中を這《は》い回るような思いで生きてきたのよ！　あの人は、そんな生活を終わらせてくれたの。ぬくぬくと育ってきたあんたたちには絶対わかんないわよ！」

母は、狂ったように泣きながら心の中の鬱積《うっせき》した思いを田丸にぶつけた。

「ずいぶん苦労なさったんですね。確かに、私にはお母さんの苦しみや辛さは理解できないかもしれません。お母さんにとってご主人はかけがえのない人物なのでしょう。それはわかりました。でも、洋子さんの立場になって少し考えてあげてください」

「そんな余裕ないわよ！」

「ご主人と離婚しないお母さんの姿は、洋子さんの心をまた傷つけるとは思いませんか？　彼女にとってあなたはたった一人のお母さんです。きっと、信じたいという気持ちを持っていると思います。その気持ちに応えてあげてはもらえませんか？」

田丸は静かに母に語りかけた。母は、一言、洋子ごめんと叫ぶと机に突っ伏して嗚咽《おえつ》した。田丸と西村は黙って母を見守った。暫《しばら》くすると、母はゆっくりと顔を上げて口を開くと、小さな声で話し始めた。

「田丸さんって言ったかな。あんたの言うことはもっともだわ。でも……、でも私はやっぱりあの人と別れることはできない。それは絶対に無理。無理なのよ……」

田丸と西村は母の気持ちが変わることはないだろうと判断した。

「わかりました。それでは、洋子さんはお返しすることはできません。彼女はご主人との同居は絶対に嫌だと話していますから。これは、養育里親さんに洋子さんを委託《いたく》するための同意書です。こちらにサインをしてもらえますか?」

田丸が同意書を母親の前に差し出した。

「い、嫌よ! あの子は私が産んだ子よ! 返してちょうだい! 里親なんて絶対嫌! うちに帰してちょうだい」

「お母さん、無理は言わないでください。お母さんも、わかるでしょ。今のような状況で洋子さんを返せないってことは」

「ともかく、駄目《だめ》よ! あの子をどこにもやらないでちょうだい! 返してちょうだい、お願いだから」

「じゃあ、ご主人と別れてくださいますか?」

「だから、それは無理だって言ってるでしょ!」

「でしたら、洋子さんはお返しできません。同意書にサインをいただけませんか?」

「嫌！　絶対にサインなんかしないわ！」

「わかりました。それでは、児童福祉法第二十八条による里親委託《いたく》の承認申請を家庭裁判所に申し立てます。もし、お気持ちが変わるようならお電話ください。では、これで失礼します」

田丸は母親にそう伝えると車へと向かった。二人の背中には母親の悲鳴のような罵声《ばせい》が浴びせられていた。

「まったく！　どうして、離婚しないんでしょう？　自分の娘をレイプした男ですよ！」

西村は怒《いか》りを通り越して少し呆《あき》れたように田丸に言った。

「あの人は、母親の前に女なのね。女をとったのよ。洋子ちゃんに対しても娘だという思いと、自分の愛する男を寝取った女だっていうような複雑な感情を持ってるんじゃないかな」

「理解に苦しみますよね……」

「論理的には破綻《はたん》しているけど、旦那も娘も両方手放したくないっていう、整理できない感情のうねりから逃れられずにもがき苦しんでるんじゃないのかな」

「私個人としては、母でいてほしかったですね……」

「それだけあのお母さんも辛い人生を背負って生きてきたってことでしょうね。理性を優先できるようになるほど愛情をかけて育ててもらえなかったんじゃないのかな……」

「二十八条の手続きは私がやりましょうか？　田丸さんは手が回らない状況じゃあ？」

「ありがとう。私、別件でもう一つ二十八条を抱えてるから、正直難しい状況なの。でも、二十八条は得意な奴《やつ》がいるから」

田丸が含み笑いを浮かべながら西村の顔を見た。西村はすぐにその意味を理解した。

「里崎さんですね！　確かに適任です」

「あと、まだ先の話だけど、検察側の証人として裁判所で証言することになると思うから、知事に守秘義務解除の申請をすることも覚えといて。私、相当バタバタするから、忘れちゃいそうで」

「地方公務員法第三十四条第二項ですね。証人としての出廷日が決まったらすぐに本庁に知事決裁取らせるように手配します」

田丸と西村が母親を訪問している頃、里崎は緑川と一緒に忙しい合間を縫《ぬ》って、洋子とキャッチボールをしていた。洋子は里崎のミット目がけ、全力でボールを投げ続けた。ボールがミットを鳴らす、ビシッという乾いた音が中庭に響いていた。三十分ほどキャッチボールをした後、里崎は洋子と緑川を芝生に誘った。青い芝生に三人は膝《ひざ》を抱えて座った。緑と土のいい香りが地面から上ってくるのがわかった。

「何だか、ピクニックに来たみたいですね」

洋子が嬉《うれ》しそうに語った。

「そうね。お弁当かサンドウィッチがほしいわね」

「緑川さんは食べることがほんとに好きだね。どこそこの、何がしが絶品とかいう話ばかりしてるもんな」

「失礼な！　そんな話ばかりしてませんよ。里崎さん、レディーに対して失礼ですよ！」

「レ、レディーって」

「何ですか！　文句あるんですか！」

「いや、別に」

「あ〜感じ悪い。それで、どうしたんですか、芝生に座ろうなんて言って」

「あ、いや、ちょっと洋子ちゃんと話したくてね」

「私と？　どんな話ですか？」

洋子は興味深そうに里崎に尋ねた。

「そういう風に改まって聞かれると困るんだけどな。何が話したいってわけじゃなくてその〜、なんて言うか、え〜っと」

「里崎さん、はっきりしてくださいよ。洋子ちゃんが困ってるじゃないですか」

「いや、だから、その〜、まあ、あの〜、頑張っていこうよってことだよ」

「もう、何ですかそれ？　よくそんなんで大人やってますね」

「だから、いろいろ辛いことがあるかもしれないけど頑張ってほしいって言いたかったんだよ」

「はい、頑張ります。ありがとうございます」

「上手く言えないけどさ、人間って一人じゃ何もできないよね。僕だってそうさ。ここで仕事してても、みんなに助けてもらって、やっとどうにか仕事ができてる。みんな、親でも兄弟でもないけど、本当に親切で優しくて、信頼できる人ばかりなんだよ」

洋子は黙って里崎の顔を見つめていた。

「親子とか兄弟姉妹とか、血の繋《つな》がりって大事かもしれないけど、血が繋がってなくても、本当の親子や兄弟以上に深い繋がりってあると思うんだ。僕もここで仕事をするようになって本当にそう思うようになった」

「なんとなく、わかります」

洋子はグローブを見つめながら小さく呟《つぶや》いた。

「大切なことは、本当に自分のことを大切に思ってくれて信頼してくれる人に出会えるかってことだと思うんだよ。そういう人に出会えたら、誰にも引け目なんか感じずに胸を張って生きていけばいい。そう思うんだよ」

「私、そういう人に出会えるかな？　私のこと大切に思って信頼してくれる人に……」

洋子は少し不安そうに言った。

「僕たちは、洋子ちゃんの仲間だ。洋子ちゃんは決して一人じゃない。みんな、洋子ちゃんが素敵な子だって思ってる。だから自信を持って生きていけばいいんだよ。洋子ちゃんは今、ここにこうして生きているだけで素晴らしいんだ。きっと、これから先、素晴らしい人生が待っている。僕はそう信じてる」

洋子の表情がパッと明るくなった。

「ありがとうございます。私、里崎さんたちの仲間なんですね。ありがとうございます。私……私、頑張ります」

緑川が洋子にそっとハンカチを手渡した。そして、しっかり洋子の手を握った。結ばれた洋子と緑川の手の中に熱い血の温もりが溶け合っていた。

洋子を一時保護所に送り届けると、緑川が里崎の肩を叩《たた》いて声をかけた。

「ちょっと、見直しました。たまにはいいこと言うじゃないですか、里崎さんも」

「何だよ、たまにはって。一言余計なんだよね、緑川さんは。でも、本当に洋子ちゃんには幸せになってほしいな」

「そうですね。みんなそう思ってます。きっと、大丈夫です、彼女は」

二人が事務所に戻ると、程なくして田丸と西村が戻ってきた。里崎は田丸に走り寄った。

「どうだった、田丸！」

「駄目《だめ》。母親は継父《けいふ》と別れないし、里親委託《いたく》にも同意しない」

「何だよそれ！　じゃあ、二十八条か？」

「察しがいいわね。それでね、二十八条の申し立て用の報告書は里崎君に作ってもらいたいのよね。あなた得意でしょ、あれを作るの」

「得意って……」

「何？　まさか嫌なの？　何でもするって言ってくれてたわよね」

「書きます。喜んで」

「だよね～。じゃあ、よろしく」

里崎は早速洋子のケースファイルを熟読しながら報告書を手際《てぎわ》よく作っていった。

一方、田丸は、里親の龍野に電話をすると、明日、面接室で洋子と最初の面会を行う約束をとった。電話が終わると、市役所から届いたばかりの継父の戸籍謄本をチェックした。継父と母は入籍しており、洋子は継父の養子になっていた。田丸はそれを確認すると、すぐに養子縁組解消を弁護士に委託するために必要な報告書の準備に取り掛かった。

洋子と里親との調整、里親委託承認の家庭裁判所への申し立て、そして継父と洋子の養子縁組の解消手続きの弁護士への委託を並行して行わなければならない。さらに、裁判で検察側の証人として出廷する田丸は、この先、検事との打ち合わせを何度も行う必要があった。また、法廷への資料の持ち込みは許されないため、ケースの細かい内容まで記憶する必要があった。しかも、この間、面接や、家庭引き取りとなった虐待ケースの家庭訪問も行わなければならなかった。

さまざまな種類のケースを同時に扱い、ケースごとに対応を検討しながら並行して動かしていくのが児童相談所のケースワーカーや児童心理司の特徴である。彼らは、いつ果てるともしれないケースと真剣に向き合い、体がいくつあっても足りないような状況で奮闘しているのだ。絶望的な状況下で彼らを突き動かしているのは、子どもと家族を支えたいという使命感のみである。

次の日、田丸は朝から洋子を連れて面接室に向かった。

「失礼します」

扉を開けると、里親の龍野が柔和《にゅうわ》な笑顔を湛《たた》えながら座っていた。

「お待たせしました。こちらが里見洋子ちゃんです。洋子ちゃん、里親の龍野さんよ」

「は、はじめまして。わ、私、里見洋子といいます」

「こんにちは、洋子さん。私、龍野多恵と申します。よろしくね」

「こちらこそ、よろしくお願いします」

「洋子ちゃん、そんなに緊張しなくても大丈夫よ。龍野さんは見てのとおりの優しい人だから。聞きたいことがあったら遠慮なく何でも聞いていいんだからね」

「そうよ、田丸さんの言うとおり。何でも聞いてちょうだいね。いろいろ心配だと思うから、些細《ささい》なことでも聞いてちょうだい」

「そ、それじゃあ……。あの、私、高校にお弁当を持っていくんですが、台所って使わせてもらえるんですか？」

「あら、洋子ちゃんは自分でお弁当を作ってるの？　すごいわねえ。もちろん遠慮なく使ってくれていいわよ。ただ、ときどきは私にもお弁当を作らせてもらえると嬉《うれ》しいんだけど。ふふふ……」

「え！　龍野さんが私にお弁当を作ってくれるんですか？　ほんとにいいんですか、そんなことしてもらって」

「もちろんよ。私ね、お弁当作るの好きなのよ。一緒に作っても楽しいかもしれないわね。ともかく、自分の家だと思って何でも使ってくれていいのよ」

「良かったあ～。ありがとうございます！　それと、シャワーはいつでも浴びることができますか？　私、ソフトボールをやってるので練習が終わった後にはすぐにシャワーが浴びたいんですけど……」

「もちろんよ。洋子ちゃんが使いたいときにシャワーを使ってくれればいいわよ」

「ありがとうございます！　最後にもう一つだけ……。テレビは見てもいいですか？　もしかしたら、見たいドラマとかあるかもしれないし……」

「居間で私と一緒に見てくれてもいいし、一人で楽しみたいときは、洋子ちゃんのお部屋にもテレビはあるから、いつでも自由に見てくれればいいわよ」

「私の部屋にもテレビがあるんですか！　すご～い！」

「ほかには何か気になることがあるかしら?」

「いいえ。もうないです。十分です」

「そう。また思いついたら、何でも言ってちょうだいね。洋子ちゃんは自分でお弁当を作れるぐらいだから、料理は好きそうね。私はお菓子を作るのが好きなんだけど、一緒に作ってくれるかしら?」

「はい! 作りたいです! 今は食べるの専門ですけど、教えてください」

「そう、ありがとう。嬉《うれ》しいわ。田丸さんが言ってたとおりの、本当に素敵な娘さんね。一緒に住むのが楽しみだわ。今日からでも来てほしいぐらいよ」

「私も、今日からでも行きたくなりました」

龍野は声を上げて笑った。洋子は少し恥ずかしそうに微笑みながら、田丸の顔を見た。とてもいい雰囲気《ふんいき》だった。龍野の大らかで包み込むような優しさが洋子には伝わっているようだ。二人がどんどん打ち解けていく様子を見て、田丸はひとまず安心した。これからいろんなことがあるだろうが、この二人なら、何とか折り合いをつけながら暮らしていってくれそうだ。田丸は口元を緩《ゆる》めながら、二人のやり取りを眺《なが》めていた。

あっという間に一時間が過ぎようとしていた。

「じゃあ、今日はそろそろこのぐらいにしましょうか。洋子ちゃんは、どうするか明日までゆっくり考えてみて」

「考えるって、何を?」

「だから、龍野さんのところにお世話になるかどうかよ」

「考えなくても、もう決めてますけど」

「まあ、そうだと思うけど、一応、落ち着いて考えといて。大事なことだから、落ち着いてね。わかった?」

「は〜い」

「じゃあ、龍野さん、また連絡しますので、よろしくお願いします」

「ええ、こちらこそよろしくお願いします。じゃあ、洋子ちゃん、またね」

「はい、ありがとうございました」

二人は龍野を玄関まで見送ると、一時保護所に向かった。

「どうだった? 龍野さんの印象は」

「すごく優しそうで、私の話をニコニコしながらしっかりと聞いてくれて、本当に楽しかったし、嬉しかったです。あの人となら、安心して暮らせそう。っていうか、すごく一緒に暮らしたいって思いました」

「そう。良かった。でも、今は、学校に行きたい思いとかも強いから、ちょっと舞い上がってると思うの。だから、落ち着いてもう一度考えてみてね。少し時間が経つと、気になることも出てくるかもしれないから」

「わかりました」

翌朝、田丸は洋子と面接して、もう一度気持ちを確認してみた。洋子の気持ちは変わることはなく、不安感よりも、むしろより一層早く龍野と一緒に生活をしたいという思いが強まっていた。

田丸は、その日の午後、早速、会議に諮《はか》って、洋子の一時保護委託《いたく》について決裁をとった。龍野の都合を確認し、洋子は二日後に龍野宅に一時保護委託されることになった。

龍野の家に行く当日、洋子はその前にもう一度里崎とキャッチボールをしたいとリクエストした。この日、二人は特に何も話すことなく、黙ってキャッチボールを続けた。洋子から力強いボールが里崎の構えるミットに投げ込まれるたびに、洋子の決意が里崎には伝わってくるようだった。二人はそれぞれの熱い思いをボールに込めた。

「じゃあ、里崎さん、次でラストにします」

「よし、こい」

洋子は新たな一歩を踏み出す決意をボールに込めると、渾身《こんしん》の一球を里崎にプレゼントした。ボールは勢いよくミットに吸い込まれ、晴れやかな音が青空に響いた。洋子は、里崎に、ぺこりと頭を下げると田丸のもとに走っていった。

そして、職員全員に見送られ、洋子は新しい人生の扉を自ら押し開けた。彼女を見送ったすべての職員が、彼女の未来に明るい光が射すことを望んで止まなかった。

龍野の家に向かう車内で、田丸は洋子に簡単なレクチャーをした。

「洋子ちゃん、いよいよ、明日から高校に通うことになるんだけど、もう一度だけ、おさらいをしとくね。まず、校長先生と、担任はあなたが継父《けいふ》から暴力を振るわれたから一時保護されたと思ってるからね。性的虐待だとは知らないから、何も話す必要はない。次に、休んでた理由だけど、インフルエンザから肺炎を発症したことで、長期間休んでいたことになってるから。校長先生と担任以外は先生も含めて、みんなそれが洋子ちゃんが休んでた理由だと思ってるから、安心して。入院先を聞かれたら県立医大って言っとけばいいからね。性的虐待のことは誰も知らないから、肺炎が治って普通に登校してきましたって顔して行けばいいから。今話したことは、お友達の香ちゃんにだけは私から説明しておいたから、彼女も口裏はきっちり合わせてくれるから大丈夫。ＯＫ？」

「はい、ＯＫです」

「それと、苗字についてだけど、洋子ちゃんの心情的には里見っていう苗字は名乗りたくないと思うんだけど、苗字を元の坂本に戻したりすると、かえって、どうして？って周りに詮索《せんさく》されると思うのよ。だから、私としては、我慢《がまん》して里見の苗字のままで高校には通った方がいいんじゃないかなって思うんだけど、どうかな？」

「確かに、そうですね。里見って名乗るのは、正直すごく嫌なんですけど、坂本に苗字を戻したりしたら、田丸さんの言うとおり面倒臭いことになりますよね。親が離婚したのかとか、いろいろ憶測呼びそうですもんね……。我慢《がまん》して、このまま里見でいきます。高校生活は来年一年で終わりだし、卒業してから変えればいいですよね」

「辛いと思うけど、その方が無難だと思う。じゃあ、今確認したことだけ気をつけて、普通に登校すればいいから。さあ、もうすぐよ。あそこを右に曲がればすぐだから」

車はスピードを落として角を曲がった。

「着いたわ。ここが龍野さんのお家《うち》よ」

「今日から、ここで生活するんですね。何だか、急に緊張してきちゃった」

「大丈夫よ。さあ、行きましょう」

二人は玄関への階段を進んだ。

「あ、いい香りがする」

「お線香の香りよ。前に話したとおり、龍野さん、ご主人を亡くされたばかりだから」

「いいのかな……。龍野さんまだ辛い時期なのに、私なんかが押しかけてきて」

「それは、大丈夫だって何度も話したでしょ。龍野さんも洋子ちゃんに来てほしいって思ってるんだから。気を使わなくていいのよ。もっとも、そういう優しさがあなたの素敵なところだけどね」

玄関はやはり開放されていた。田丸が声をかけると、龍野が笑顔で姿を見せた。

「洋子ちゃん、いらっしゃい。よく来てくれたわね。本当に嬉《うれ》しいわ。ささ、上がってちょうだい」

三人は居間で暫《しばら》く談笑していた。龍野と洋子のやり取りを見ていて安心した田丸は、あえて長居はせず、龍野に洋子を託して早々に事務所に戻ることにした。残された洋子は少し緊張したものの、龍野の優しい対応に徐々にリラックスするようになっていった。

「ねえ、洋子ちゃん、ココア好き？」

「ココアですか？　あんまり飲んだ記憶がないです。だから、好きか嫌いかっていう印象もあまりないです」

「そう。私はすごくココアが好きなのよ。何て言うか飲むと幸せな気分になるの。ちょうどカステラもあるから、一緒にココア付き合ってくれる？」

「はい。いただきます」

「じゃあ、ちょっと作ってくるわね」

「あの、一緒に行って見ててもいいですか？」

「ココアを作るのを見てるの？」

「邪魔《じゃま》になりますか？」

「いいえ、ちっとも邪魔じゃないわよ。でも、大して面白くないわよ。ふふふ」

龍野は鍋に少量の水を注ぎ、火にかけ、ココアをたっぷり入れると焦《こ》げないように素早く泡立て器でかき混ぜた。ココアがチョコレートペースト状になると、少しずつ牛乳を加え混ぜ続けた。泡立て器と鍋が奏《かな》でる一定のリズムが洋子には何とも心地いいものだった。その間、鍋からはずっと香ばしく甘い香りが立ちのぼり、部屋中を幸せな香りで満たしていった。龍野は沸騰《ふっとう》直前で火を止めると、サトウキビの砂糖をたっぷり入れて最後にもう一度さっとかき混ぜた。上品で艶《つや》やかな表情を湛《たた》えたココアが鍋の中から二人を見つめていた。

「すご〜い。ココアってこんな風に手間をかけて作るんですね。初めて見ました。何だかすごくおいしそう」

「おいしいわよ〜。居間に行ってカステラと一緒に楽しみましょう。カステラを食べながらココアを口に含むと、この上なく幸せな気分になれるのよ」

洋子は、龍野の真似をして、カステラを口に含むと、すかさずココアを流し込んだ。口の中でカステラの卵とバターの風味がココアの濃厚な香りと混じり合い、何とも奥深い甘味が口の中いっぱいに広がった。

「おいしい〜！　すごくおいしいです！」

「そうでしょう〜。嬉《うれ》しいわ、この幸せが洋子ちゃんと共有できて」

二人は顔を見合わせ嬉しそうに笑いながらココアを楽しんだ。

「はあ〜。ココアを飲むと私は体に元気が漲《みなぎ》ってくるの。ちょっと出かけたい気分になってきたわ。洋子ちゃん、どこか行きたいところある？」

「あの〜、本屋さんに行きたいんですけど、どうでしょう？」

「いいわね。行きましょう、行きましょう」

本屋に着くと、洋子は絵本のコーナーが見たいと龍野に話した。洋子はずいぶん長い時間をかけて、次々に絵本を手に取り、好みの本を探していた。そして、ついに「ひとまねこざる」と「ねぼすけスーザ」のシリーズから二冊を選び出した。

龍野は、十七歳の女の子にしては、ずいぶん幼い印象の絵本を選んだものだと、少し不思議に思ったが、黙ってそれらの本を購入した。洋子は大切な宝物を買ってもらったように目を輝かせていた。

本屋を出ると、龍野は洋子をホームセンターに連れていった。明日から登校に使う自転車を買うためだった。

「さあ、洋子ちゃん。今度は自転車を買いましょ。明日から登校しないといけないからね」

「え！　自転車買ってもらえるんですか？」

「だって、ないと通えないでしょ」

「私、歩いていくもんだとばかり思ってました。だから、明日はかなり早起きして行かないと間に合わないと思ってたんです。自転車なら朝もゆっくりできますね。ありがとうございます」

「じゃあ、洋子ちゃんが好きなの選んでくれる？　あんまり種類はないかもしれないけど」

「私が選んでいいんですか？　うわ～、やった～」

洋子は、さほど種類もない自転車の間を嬉《うれ》しそうに何度も行き来しながら、慎重に自転車を選んだ。三十分ほどして、とうとう一台の自転車を選んだ洋子は、龍野の手を引いて自転車の前に連れてきた。

「これにしてもいいですか?」

龍野が見ると、洋子は一番安い自転車を選んでいた。龍野が思ったとおり、常に自分の欲求を抑え込んで生活してきた洋子らしい選択だった。きっと自分の懐《ふところ》具合に気を使ってくれたのだろうと龍野は思った。洋子のそうした性格が愛らしくもあり悲しくもあった。

「洋子ちゃん、もう少し高いの買っても大丈夫よ。こっちなんかどう? 色もピンクでかわいいと思うんだけど」

「いいんです。これが気に入りました。それに、高い自転車だと遅刻しそうなときに必死で漕《こ》ぐのも遠慮しちゃいそうで」

洋子はそう言うと照れくさそうに笑った。龍野は、洋子の主張を尊重し、あえてそれ以上、ほかの自転車を勧《すす》めたりはしなかった。まだ、二人の生活は始まったばかり。少しずつ、少しずつこの子が抑え込んでいる、さまざまな欲求を解放してあげよう。龍野は洋子のことが本当に愛《いと》おしく思えた。

「そう。じゃあ、これに決めましょう。安全運転でお願いします」

「はい。龍野さん、ありがとうございます」

「どういたしまして。さあ、これからどうする？　夕ご飯外で食べて帰る？　それとも家で私が何か作ろうか？」

「じゃあ、家で。私も作るの手伝っていいですか？」

「もちろんよ。助かるわ。ありがとう」

二人は帰宅すると夕食の準備を始めた。選択できるいくつかのメニューの中から、洋子が選んだトンカツを作ることにした。洋子は自分でお弁当を作っていただけあって、包丁の使い方などは上手いものだった。ただ、肉の筋切りといった下ごしらえについてはあまり知識がなかったので、龍野が丁寧《ていねい》に教えながら調理は進んだ。洋子は、龍野にいろいろ教えてもらいながら料理を作るのがとても新鮮で嬉しい様子だった。

洋子はできたての大きなトンカツを二枚、ぺろりと平らげた。

「お腹が空いてたのね。やっぱりソフトボールをやってるだけあっておいしそうに食べるわね～」

「だって、柔らかくて、すごくおいしかったんですもの」

「そう～。良かったわ」

食事が終わると、洋子は居間のソファーに腰かけ、ニコニコしながら絵本を眺《なが》めていた。

「ねえ、洋子ちゃん、どうしてその本を選んだの？」

「気に入ったのを選ぼうとしたんですけど、あんまりたくさんあって、選べなくて。そしたら、里崎さんが子どもの頃、お母さんによく読んでもらったって話してた本のことを思い出して。私、子どもの頃に読んでもらった思い出の絵本とかないから……。この本、きっと里崎さんの思い出の絵本なんだろうなって手に取って見てたら、その思い出を私も貸してもらいたくなって……」

「思い出を、貸してもらう？」

「はい。里崎さんがお母さんに読んでもらった本を読んで、自分が読んでもらったように思えれば、私にとっても思い出の絵本になるんじゃないかなって思ったんです」

「そう……そうなの……」

無邪気《むじゃき》な笑顔でそう話す洋子を見ていた龍野はそれ以上何も言えなかった。両方の肺をギュッと押し寄せられるような苦しい思いがした。

「ねえ、読んであげましょうか？」

「え？」

「私が洋子ちゃんにその絵本を読んで聞かせてもいいかしら」

「龍野さんが、私に……」

「駄目《だめ》？」

「……いえ。お願いします」

そう言うと、洋子は少し顔を赤くしながら、絵本を龍野に差し出した。龍野は洋子の傍《そば》に腰かけると、絵本を開いて、優しく読み始めた。

「これは、さるのジョージです」

洋子はクッションを抱きかかえながら、龍野が開いた絵本を覗《のぞ》き込み、龍野の優しい声に耳を澄ませた。洋子は今まで感じたことのないような安らぎを心の中に感じていた。何だろう？　すごく安心する。洋子は、自分の左腕から伝わってくる龍野の温かさを感じながらそう思っていた。柔らかな包み込むような声が、洋子の心の奥深いところを温かい手で優しく撫《な》でてくれるような感覚で、洋子はうっとりした気持ちになった。体中の力がゆっくりと抜けてゆき、心が体から解放されるような気分だった。

暫《しばら》くすると龍野は自分の右肩が重くなったのを感じた。ふと、洋子の顔を見ると、彼女は、まるで三、四歳の小さな女の子のようなあどけない寝顔を浮かべながらすやすやと眠っていた。とても、幸せそうな寝顔だった。

この子は、小さい頃から本当に親の愛情に恵まれなかったのだと龍野は改めて思った。絵本を読んでもらって、幸せそうに体を丸めて眠る十七歳の洋子がとても不憫《ふびん》に思えた。自分の持てる限りの愛情をこの子に注《そそ》ごう。辛い時期が来たとしても、絶対に諦《あきら》めずにこの子を支えよう、そう心に誓った。

龍野は、洋子を静かにソファーに寝かせると、毛布を掛けた。そして、自分はソファーの下に布団を敷き、洋子の傍で眠ることにした。

どのくらい時間が経っただろう。

「う、う〜……、や、やめて！」

洋子の悲鳴が暗い居間に響いた。龍野はすぐに飛び起きると、優しく洋子に声をかけた。

「大丈夫。大丈夫よ、洋子ちゃん。私がずっと傍《そば》にいるから。ずっと傍にいるから」

「龍野さん……、わ、私、怖い夢を……」

「大丈夫。夢なんて、あなたに何もできやしないの。それに、そんな夢、すぐに見ないようになる。安心して。洋子ちゃんのことは私が絶対に守るからね。ずっと一緒にいるから、大丈夫」

洋子は、黙って頷《うなず》いた。そして、いつものように笑顔を見せた。

「洋子ちゃん。これからは、いつも笑わなくていいのよ。悔しいときは泣いてもいいし、腹が立ったら、怒ればいいの。自分の気持ちを閉じ込めすぎちゃ駄目《だめ》よ。もちろん、いつも笑顔でいられれば、それが一番いいには違いないけど、周りに気を使いすぎちゃ駄目よ。ずっと、我慢《がまん》してきたんだから」

龍野は洋子の手をしっかりと握りながら、囁《ささや》くように話した。そして、自分が子どもの頃、母に聞かされた童謡を洋子に聞かせた。

「赤い鳥、小鳥、なぜなぜ赤い、赤い実を食べた。白い鳥、小鳥、なぜなぜ白い、白い実を食べた」

洋子は、まるで子守唄を聞きながら眠る子どものように、静かに、深い眠りへと落ちていった。穏やかな眠り。それは、洋子の新しい生活の始まりでもあった。

公判の行方

二か月後、イヴを四日後に控えた街は、クリスマスムードに包まれていた。華やかな電飾が昼夜を問わずあちこちで輝き、とても美しかった。この二か月、里崎は、多くのケースを抱えながら、二十八条の申し立てのために洋子に関するすべての記録を熟読し、田丸は、龍野と洋子の様子を気にかけながら、継父《けいふ》と洋子の養子縁組の解消手続きを進め、裁判に向けた検事との打ち合わせも重ねてきた。

そして今日、田丸は朝から洋子のケース記録や一時保護所での生活記録、発達検査記録などにもう一度目を通していた。午後から、地方裁判所の法廷で検察側の証人として証言するからだ。裁判の証人に立つ場合には、メモなどは一切持ち込むことができない。必要な内容は、すべて頭の中に記憶する必要がある。田丸は、最後の整理を行っていた。

十二時四十五分、田丸は裁判所に向かった。里崎と西村も傍聴席で裁判の様子を記録するために同行した。裁判所に着くと検事が玄関で田丸たちを待っていた。検事とともに薄暗い階段を二階へと上り、第一法廷に向かった。法廷の入り口で田丸は裁判所の秘書官から、証人名簿にサインをするよう求められていた。里崎と西村は傍聴席に座って開廷を待った。暫《しばら》くすると田丸と検事が法廷に現れた。田丸は中央にある証言台の右後方にある席に座った。検事は右側の壁際に設《しつら》えられた席に着くと、風呂敷をほどきパラパラと書類に目をやっていた。

程なく、弁護士と腰紐《こしひも》をつけられた被告である継父《けいふ》が入廷してきた。継父は田丸のすぐ左隣りの席に座らされた。里崎は、証人と被告人がこんなに間近に座らされることに驚いた。田丸は、証言しにくいだろうな、継父が横にいたんじゃ。里崎は田丸のことがとても心配になった。しかし、緊張している里崎とは対照的に、背中越しに見る田丸はとても自信に満ちているように見えた。真《ま》っ直《す》ぐに伸びた背筋は、まるで臨戦態勢を整え、気合いに溢《あふ》れる武士のようだった。

十三時三十分、三人の裁判官の入廷とともに、裁判は始まった。この裁判は、継父による強姦《ごうかん》か、両者の同意による児童福祉法違反かで争われていた。田丸は強姦罪の適用を主張する検察側の意見を補完するための証人として、この法廷に呼ばれたのである。

田丸は、証言台に立つと、裁判長の求めに応じ、名前と所属を伝え、真実のみを申し述べるという趣旨の宣誓《せんせい》文書を読み上げた。その様子を継父は怒《いか》りに満ちた刺すような目線で追っていた。

裁判は、まず検事からの質問で始まった。

「被告は、これまで、被害児童を強姦したのではなく、被害児童との同意によって性交したと主張しています。また、被害児童は以前から異性に大変な興味を持っており、自分に都合のいい嘘《うそ》もよくつくと話しています。そこで、証人にお伺《うかが》いします。被害児童は被告と同意のもとで性交したと話していましたか」

「いいえ。無理矢理強姦されたと話していました」

「あなたは、被害児童が真実を話していると思いましたか」

「はい。真実を話していると思いました」

「どうして、被害児童が真実を話していると思ったのですか」

「十月四日、十八時に被害児童から保護を求める電話をもらいました。同日十八時三十分に被害児童を保護し、状況の説明を受けました。その際、児童は継父から受けた暴行について非常によく覚えていて矛盾なく話をしてくれました」

「話の辻褄《つじつま》は合っていたということですね」

「はい。児童相談所で保護してから、何度も警察の事情聴取に応じましたが、その際、彼女が話した内容も、最初に私が確認した話とずれることはありませんでした。何度聞かれても、話がぶれることなく説明できていたので、彼女の話していることは真実だと思いました」

「なるほど。事情聴取する相手が変わっても、彼女の話はぶれなかった。そういうことですね」

「そのとおりです。経験上、嘘をついている場合には何度も話をしているうちに、ところどころで内容に齟齬《そご》が生じてくることがよくあります。しかし、彼女の話は、話す相手が変わっても変わることはありませんでした。これは、経験した事実をそのまま話しているからだと思います」

「わかりました。次に、被告は彼女が異性に大変興味を持っていたと話していますが、その点について、証人はどのようにお感じになりますか」

「一時保護中の記録や、一時保護課の職員の観察結果からも、彼女が異性に強く興味を持っているというような傾向は見受けられません。自分から興味を持って話しかけるようなことはありませんし、むしろ、距離を置いて接している様子が窺《うかが》えましたので、異性に対して強い興味を持っているという印象は、私をはじめ、一時保護課の職員も誰一人感じてはいません」

「では、彼女が自分に都合のいい嘘《うそ》をつくという点については如何《いかが》ですか？」

「その点についても、全くそのようなことはありません。生活態度も非常にまじめですし、よく嘘をつくような児童は、それが原因でほかの入所児童とトラブルになることもありますが、彼女はそうしたことが原因でトラブルを起こすようなことは全くありませんでした」

「そうですか。ほかに気づかれたことはありますか？」

「はい。掃除なども指示されたことはしっかりとこなしますし、掃除道具を壊してしまった際にも隠さず、正直に話してくれていました。高校の担任とも話をしましたが、とても正直な生徒だと話していましたから、被告が話しているような虚言癖《きょげんへき》があるとはとても思えません」

「被害児童は、自分の身に起こった出来事をしっかりと記憶できる力は十分に持っていると考えられますか」

「はい。一時保護中に、児童心理司が彼女にＷＡＩＳ－Ⅲ《ウェイススリー》という知能検査を実施しています。動作性や言語性といったいくつかの分野から彼女の能力を見る検査ですが、どの分野にもバランス良く力を持っており、全検査ＩＱは百三で、平均的な知能を有していますから、経験したことをしっかりと記憶する力は、十分に持っていると判断できます」

その後、検事と裁判官から、洋子の人となりを知るためのいくつかの細かい事実を確認するような質問が行われたが、田丸はそれらの質問に、淀《よど》みなく理路整然と答え続けた。

検察側の質問が終わると、今度は弁護側からの質問が始まった。

「証人は先ほど児童が真実を話している理由として、児童が被告との性交についてしっかりと記憶していて、何度聞かれても、同じ内容を答えることができたから信憑性《しんぴょうせい》が高いと話していましたね」

「はい」

「しかしですよ、無理矢理強姦《ごうかん》されたなら、その時自分が何をされたかを、そんなにはっきり覚えているものでしょうか。必死になって抵抗すればするほど、何が起こったのかをしっかりと記憶することなどできないのではないですか。同意の上で、被告との性交を楽しんでいたからこそ、冷静に記憶しているんではないですか。強姦《ごうかん》されたのなら、逆に記憶がはっきりしない部分が多くて当たり前だと思いますがね」

「何だよあいつ、ムカつくな〜」

「里崎さん、静かにしてください」

「だって、西村さん腹が立たないの」

「腹は立ちますけど、向こうも、仕事ですから」

「でもあんな酷《ひど》いこと言いやがって、畜生《ちくしょう》！」

「だから、それが弁護士の仕事でしょ。興奮しないで、静かにしてないと、追い出されますよ」

「う〜……」

弁護士はさらに続けた。

「証人は、最初から児童が被害者であるという感情移入をしすぎたんじゃないですか。だから、冷静に状況を判断できていないんじゃないですか。客観的に見れば、状況を記憶しすぎている方が不自然に思えますが、如何《いかが》ですか」

「彼女は実際にレイプされているときに、何がどうなっていたかを正確に覚えているわけではありません。ただ、辛くて、悔しくて、すごく痛い思いをしたこと以外に覚えているわけではありません。しかし、レイプされるまでの状況や、レイプされている間に被告が吐《は》いた言葉までを彼女が記憶しているのは、強い恐怖と深い傷として心に刻み込まれてしまったからです。忘れたくても忘れられない深いトラウマとして刻み込まれたから覚えているんです。弁護人が言うように性交を楽しんでいたからでは断じてありません」

「それも、あなたの心象にすぎませんね。児童が異性に強い興味を持っていたかや、嘘《うそ》をよくつく子どもだったかについても、たった二週間ほどの一時保護の期間で見極めることは難しいんじゃないですか。それほどの短期間なら、普段と違う自分を装《よそお》うことだって十七歳ならできると思いませんか。証人は最初から彼女を被害者だと決めつけているから、先ほどから主張しているような心象になっているのだと私は考えます。質問を終わります」

「くう〜、腹立つな〜。洋子ちゃんのこと何にも知らないくせに」

「里崎さん！　静かに」

「だって……」

その後、検事と弁護士は互いの立場を補完すべく田丸に質問を行った。田丸は感情的になることなく、常に冷静に証言を続けた。公判は、一時間ほどで閉廷となった。次回公判は一か月後の一月二十日に行われることとなった。

「それにしても何なんだ、あの弁護士〜。頭にきたよ！　同意なわけねえだろ、まったく！」

里崎は証言を終えたばかりの田丸に悔しそうに話しかけた。

「仕方ないわよ。継父《けいふ》が同意だって言ってる以上、弁護人はそれに沿って主張しないといけないんだから」

「田丸は腹が立たなかったのか?」

「法廷で怒るわけにはいかないでしょ。何考えてんのよ」

「来月も呼ばれるのか?」

「どうかな。私はもう呼ばれないんじゃないかな。でも、洋子ちゃんは呼ばれるんじゃないかな。その方が心配よ」

「そうですね。折角《せっかく》、龍野さんのところで落ち着いて生活できてるのに……」

西村はとても心配そうな表情を浮かべた。

「また嫌なこと思い出さないといけないもんな。俺だったらすごく嫌だよ」


三人の不安は、三日後の検事からの電話で現実のものとなった。

「もしもし、田丸です。あ、検事どうも。ええ、ええ、そうですか……仕方ないですね。じゃあ、ビデオリンクの申請をお願いします。絶対にお願いしますね。里崎君、私、ちょっと龍野さんのところに行ってくるわ」

「今からか?　もう八時過ぎてるぞ。明日にすればどうなんだ」

「そうもいかないのよ。今、検事から電話があって、次回の公判に洋子ちゃんが出廷しないといけなくなったの。ビデオリンクを申請したからその説明をしないといけないし。この時間なら、洋子ちゃんもクラブを終えて帰ってきてるはずだから」

「ビデオリンク？　何だそれ？」

「継父、つまり被告人と被害児の洋子ちゃんが直接法廷で顔を合わすことがないようにする制度なのよ」

「どうやるんだ？」

「洋子ちゃんは法廷には入らずに、裁判所内の別の部屋に待機しておいて、そこからテレビカメラを使って裁判官と話をする。要するに法廷内にあるテレビの画面に洋子ちゃんが映し出されるから、テレビ画面を通じて裁判官と洋子ちゃんが話をするってことよ」

「洋子ちゃんの映像はみんなに見られちゃうのか？」

　里崎は不安げに言った。

「その点は大丈夫。テレビ画面は被告である継父からは見えない位置にセッティングされてるから。被害児の精神的負担を少しでも軽減するための制度なんだからね」

「良かった。継父に見られてちゃあ、怖くて何も話せなくなる可能性が高いもんな。ビデオリンクか。いい制度だな」

「じゃあ、行ってくるわ。課長と次長、所長に伝えといて」

「わかった。気をつけて」

三十分後、田丸は龍野と洋子を前にして居間のソファーに座っていた。居間にはとても大きなクリスマス・ツリーが枝という枝にたくさんの飾り付けを施《ほどこ》され、美しく纏《まと》った電飾を、誇らしげに輝かせていた。洋子はちょうどシャワーから出てきたところで、まだ、髪は少し濡れている様子だった。

「洋子ちゃん、久しぶりね。元気にしてた？　学校は特に問題なく通えてるかな？」

「大丈夫です。今のところ何の問題もなく楽しく通えてます」

「そう。良かったわ。それでね、今日来たのは前に言ってた裁判の話なの」

「裁判……」

洋子はとても不安そうな表情を浮かべた。

「裁判所がね、やっぱり洋子ちゃんからも話が聞きたいらしいのよ。それでね、今度の公判のときに、洋子ちゃんにも法廷でお話してもらわなきゃなんないの」

「どうしてもですよね……」

「ごめんね……。ただね、直接法廷に入って話す必要はないの。洋子ちゃんはね、法廷とは別の部屋で話をすることになるから安心して」

「じゃあ、あいつと顔を合わせることはないんですか？」

「それは絶対にないわ。ビデオリンクっていう制度を使うことになるから、洋子ちゃんは別室に設置されたテレビモニターを通して、裁判官のオジサンたちと話をすることになるの。だから、当然継父《けいふ》と顔を合わすこともないし、話をすることもないから」

「私が話してるところをあいつも見てるんですか？」

「大丈夫。法廷内のモニターに洋子ちゃんの姿は映るけど、継父や傍聴席からは見えないようになってるから、安心してくれていいわ」

「良かった……。私一人で質問に答えるんですか？」

「そうじゃないわ。付き添いは認められてるから、私が洋子ちゃんの隣に付き添ってあげるわ」

「あの～、田丸さん、その付き添いは私にやらせてもらえないかしら」

「龍野さん……。でも、付添い人についても、名前ぐらいは話さないといけないかもしれませんし。被告の継父に名前を知られるのは今後のリスクにも繋《つな》がります。妙《みょう》な逆恨《さかうら》みをされないとも限りませんから」

「大丈夫。こんな時、親が子どもに付き添うのは当たり前でしょ。是非《ぜひ》そうさせてほしいのよ」

「しかし……」

「お母さん、田丸さんが言うとおりだよ。もし、あいつに名前とか覚えられて逆恨みでもされたら、危ないもん。田丸さんの言うこと聞いて！　お母さんに何かあったら私が一番困るし、悲しい思いをするんだから。ねっ、お願いだから」

「……そう。洋子ちゃんがそこまで言うなら、仕方ないわね。じゃあ、田丸さんにお願いできますか?」

「もちろんです」

「じゃあ、傍聴席から応援してるわ」

「それも、やめた方がいいと思います。傍聴席にいる龍野さんの姿を継父《けいふ》に見られたくないんです。継父にはできるだけ龍野さんに関する情報は与えたくないんですよ。気にしすぎかもしれませんが、こういう場合は石橋をしっかり叩《たた》いてから渡りたいんです。洋子ちゃんと安全に暮らしてほしいですから」

「でも、傍聴するぐらいは……」

「お母さん! 田丸さんの気持ちも考えてよ。私たちのために言ってくれてるんだから」

「……わかりましたよ。家で賢《かしこ》く待ってますよ」

「すいません。折角《せっかく》のお気持ちを汲《く》み取れなくて……。ところで、洋子ちゃん、龍野さんのことお母さんって呼んでるんだ」

「あ、はい……」

洋子は頬《ほお》を赤らめ恥ずかしそうに笑顔を見せた。

「いつ頃から、そう呼んでるの?」

「え~、そんなの覚えてませんよ~」

「一緒に買い物でも何でも行きますから、自然にそう呼ぶようになってましたのよ。あんまり自然だったので、私も、いつが最初だったか不覚にも覚えていませんのよ。ほら、よくドラマなんかであるみたいに『洋子ちゃん、あなた今、私のことをお母さんて呼んでくれたの？』みたいなことはなかったんですの。ふふふふ……」

「何それ、お母さん。ふふふふふ……」

龍野と洋子はお互いの顔を見合わせながら穏やかに笑っていた。その様子を見て、田丸は心が熱くなった。二人はまるで血の繋《つな》がった実の親子のように見えたからだ。いや、血など繋がっていなくとも、この二人は心が通い合った紛《まぎ》れもない親子だ。喧嘩《けんか》をすることもあるだろう。洋子が悪夢にうなされる夜を何度も経験するだろう。それでもこの二人はきっと支え合いながら、道を切り開いて進んでくれる。田丸はそう信じずにはいられなかったし、そう信じたいと思った。

「じゃあ、日程が決まれば連絡します。実際に法廷で証言するまでに検事との打ち合わせもあると思うので、それは、随時連絡します。じゃあ、洋子ちゃん、頑張ろうね。これが終わればもう、こういうしんどいことはなくなるから」

「はい。頑張ります」

「じゃあ、龍野さん、失礼します」

「運転気をつけてね」

洋子にとって辛い話をしにきた田丸だったが、来るときよりも、帰りは少し気持ちが和《やわ》らいでいた。それは、何よりもあの二人の笑顔のおかげに違いなかった。今年は、洋子に楽しいクリスマスと、正月がやってきそうだ。今度こそ、洋子に幸せを摑《つか》んでほしい。田丸は、できる限りの力を尽くそうと心に誓った。身を切るような木枯らしが、彼女に気合いを入れた。田丸は洋子が暮らす龍野の家を暫《しばら》く見つめ、両手で頰《ほお》をぴしゃりと叩《たた》くと、車を走らせた。

年が明け、正月気分もすっかり消え失せた一月二十日の午後。田丸は洋子と一緒に裁判所の一室に座っていた。傍聴席には、膝《ひざ》の上で、拳《こぶし》を強く握りしめた里崎とマイペースな西村が開廷を待っていた。

「洋子ちゃん、大丈夫かな。ちゃんと話せるかな。心配だな～……」

「多分、里崎さんよりは、ずっと落ち着いて待ってると思いますよ。彼女は強い子ですから」

「何だよ、その言い草。西村さんは洋子ちゃんが心配じゃないの？」

「私は、里崎さんと違って、洋子ちゃんを信じてますから」

「俺だって信じてるよ！」

「じゃあ、落ち着いて、静かに座っててください」

「はい、はい、わかりましたよ。ったく。いいよな西村さんは。どうせ、こういう瞬間でも呑気《のんき》に三時のおやつに何食べようかなとか考えてるんだろ」

「考えてませんよ、失礼な！　それより、もう一度確認しときますけど、里崎さんが傍聴してることは洋子ちゃんに話しちゃ駄目《だめ》ですよ。今日の法廷は、女の子としては、男の人に聞かれたくない話が出る場所なんですから。いいですね！」

「わかってるよ。田丸からもきつく言われてるから」

「ならいいですけど。あっ裁判官が入ってきた。始まりますよ」

程なく裁判長が開廷を宣言した。

「本日は、被害者であるAさんからお話を聞きたいと思います。Aさん、聞こえますか？」

裁判長の声が別室で待機していた洋子と、田丸の部屋に響いた。田丸は洋子の手をしっかり握り、洋子を見つめると、静かに頷《うなず》いた。洋子は田丸の合図を確認すると、しっかりした調子で返事をした。

「はい、聞こえます」

「既《すで》に、説明は聞いてもらっていると思いますが、ビデオリンクを用意しています。傍聴席や被告人の席からはあなたの姿が映ったモニターは見えないようになっています。安心してください。私と、検事、そして被告弁護人がそれぞれに質問をしますので、お答えください。よろしいですね」

「はい」

洋子が田丸の手をぐっと強く握ってきた。彼女の緊張感や不安感が田丸に痛いほど伝わってきた。

「大丈夫よ。私がついてる。西村さんも法廷で応援してる。正直に話すだけでいいの。大丈夫」

田丸は、洋子を落ち着かせるように、静かな優しい声で囁《ささや》いた。

「では、質問を始めます」

まず、検事が洋子に質問を始めた。

「Aさん、緊張せずに、落ち着いて答えてください。質問の意味がわからないときはそう言ってください。よろしいですね」

「はい」

「まず、あなたが被告人と同居するようになったのは、いつ頃からですか」

「中学校二年生のときからです」

「同居してから事件が起こるまで、何か嫌なことはありましたか」

「はい、しょっちゅう体を触られました」

「どういう場所をですか」

「胸や、お尻、太ももの辺りなんかです」

「やめるように言いましたか」

「はい、毎回必死で言いました。お母さんにも相談しましたが、スキンシップだと片づけられて、助けてくれませんでした」

「母親がしっかり被告人に注意をしていれば、今回のような事件には至らなかったと思いますか」

「わかりません。でも、お母さんが注意してもやめなかったと思います。私が、毎回大声でやめてって言ってもやめなかったですから」

「裁判長、被告人は、Ａさんと同居してからずっとＡさんにセクハラを続けていたわけです。しかも、毎回被害者が必死でやめるように訴えていたにもかかわらず、平然とセクハラを続けていたということです。これは、被告人が相手の気持ちを一切考慮せず、一方的に自身の欲求を満たしていたことにほかなりません。この点にしっかりと留意いただきたい。さて、事件当日のことについてお伺《うかが》いします。当日、あなたは被告人に襲《おそ》われる前に何をしていましたか」

「机で宿題をしていました」

「勉強していると、いきなり襲われたんですか」

「はい、後ろから首のあたりを肘《ひじ》で絞め上げられて、そのまま母親の寝室のベッドに引きずっていかれました。私、息ができなくてすごく苦しくて」

「気を失うほど強く首を絞められましたか」

「はい、喉《のど》をものすごい力で押さえつけられて、首が折れるんじゃないかと思ったぐらいです。ベッドの上で、腕が放されたときには、ものすごく咳《せき》が出て、吐《は》きそうになりました。でも、すぐに口を押さえつけられて、おとなしくしろって怒鳴《どな》られました」

「抵抗はしましたか。被告人は同意だったと主張していますが」

「違います！　絶対に同意なんてしていません！　もう、必死で体中の力を使って押しのけようとしました。何度も何度も。でも、すごく力が強くて……」

洋子の体が小刻みに震え始めていた。姿は見えなくとも、同じ建物の中に継父《けいふ》がいるということが彼女には大変な苦痛だった。当時の恐ろしい記憶が彼女を苦しめ始めていた。

田丸は彼女の手を握りながら優しく背中を撫《な》でて洋子を必死で力づけた。

その後、検事から事件当日の経過が詳しく質問された。洋子は時折《ときおり》、辛さから言葉を詰まらせながらも、一生懸命質問に答え続けた。

「今も、当日のことを思い出すことがありますか」

「はい。一人でいるときは、誰かが後ろに立っているんじゃないかと感じて怖くなったり、夜、眠ってから怖い夢を見ることがあります」

「被告に対してどんなお気持ちですか」

「……消えてなくなってほしい。それが無理なら、一生刑務所に入って出てこないでほしい。でないと、きっとまたほかの女の子に酷《ひど》いことすると思う」

「裁判長、Ａさんが、どれほど恐ろしい思いをし、どれほど深い傷を心に受けたかよく考えてください。何の落ち度もなく、母親の虐待にも耐えながら必死で生きてきた彼女に対し、被告人が、自身の性的な欲求を満たさんがために、強姦《ごうかん》という凶行に及《およ》んだのは明らかです。厳しい判決を下すべきです。質問を終わります」

続いて、被告弁護人による質問が始まった。

「Aさん、あなたは中学二年生のときから、被告に体を触られるなどしたと話していました。そして、それが嫌で仕方がなかったとも。ならば、どうして、誰かに相談しなかったのですか。本当に体を触られるのが嫌だったのなら、今回のように児童相談所などに相談するべきじゃなかったんですか。でもあなたはそうしなかった。相談するほどは嫌じゃなかった。そういうことじゃないんですか」

「違います。ずっと嫌でした。母親以外に相談するところがあるなんて、知らなかっただけです。それに母親以外にそんなこと恥ずかしくて簡単に相談なんてできません。もし、友達に話して噂《うわさ》になったりしたら、学校に行けなくなるかもしれないし……」

「要するに、人の噂になることの方が嫌だったということですね。では、次に今回の事件についてですが、あなたは本気で抵抗したんですか。ずっと抵抗を続けましたか」

「はい。ずっと抵抗しました」

「本気で抵抗すれば性交はできないんじゃないですか？　あなたはソフトボール部で活動しているぐらいで、体力もあるはずです。本気であなたが抵抗していれば、性交はできなかったんじゃないですか。途中で、もういいかなと思ったんじゃないですか」

「そんなこと思ってません！　ナイフで脅《おど》されたりして怖かったけど、それでも絶対に嫌だったから、ずっと必死で抵抗しました。でも、力ではどうしても敵《かな》わなくて……。まあ、いいかなんて絶対に思ってません」

弁護人は、ナイフについては触れず、洋子がある時点で諦《あきら》め、同意したのではないかということに重点を置いた質問を繰り返した。洋子にはとても辛い質問が続き、耐え切れずにときどき涙を流す場面もあった。

傍聴席では里崎が今にも弁護士を怒鳴《どな》りつけそうな表情で睨《にら》みつけていた。隣で、西村が里崎の手綱《たづな》をしっかりと握り、コントロールしていた。

「被告人の身長、体重はＡさんとほとんど変わりません。その点を考慮した場合、Ａさんが本気で抵抗していれば、果たして性交ができたでしょうか。質問を終わります」

最後に裁判長が少しだけ洋子に質問をした。

「Ａさんは、今、安心して生活ができていますか」

「はい。優しい里親さんのところで、安心して生活できています」

「これから、頑張って生活していけそうですか」

「はい」

「是非《ぜひ》、頑張ってください。あなたの人生はまだこれからです。しっかりと前を向いて頑張ってください。今日は、ありがとうございました」

裁判長が閉廷を宣言して、洋子にとって辛い一時間が終わった。

光に向かって

田丸は洋子の肩をしっかりと抱きながら、労《ねぎら》いの言葉をかけた。

「洋子ちゃん、よく頑張ったね。ごめんね、辛い思いさせて。でも、裁判長もきっと洋子ちゃんのこと信じてくれたわよ。本当に、辛い質問によく耐えたわ。もう、これで終わりだから。あとは、真《ま》っ直《す》ぐに前を向いて、胸を張って生きていこう。みんな洋子ちゃんの味方だから」

「はい」

洋子はハンカチを目に当てながらゆっくりと頷《うなず》いた。二人が裏口から裁判所を出ると、里崎と西村が待っていた。

「洋子ちゃん、立派だったよ。本当に偉いよ。里崎さんも、今ちょうど駆けつけてくれたところよ」

「里崎さん、来てくれたんですね」

「さっきまで、この近くに家庭訪問してて、今着いたところなんだ。久しぶりに洋子ちゃんの顔が見たくてね。お疲れ様。大丈夫だった？」

「ありがとうございます。私、大丈夫です。辛かったけど、田丸さんが傍《そば》にいてくれたから」

「よし。じゃあ、頑張って前進あるのみ。田丸、帰る前にちょっとそこの河川敷《かせんじき》に寄らない
か？」

「何でそんなところに？」

里崎は持っていた手提《てさ》げ袋の中から、グローブを取り出しにっこりと笑った。

「どう、洋子ちゃん久しぶりに」

「里崎さん、気が利《き》きますね！」

「私が家庭訪問に出発する前に、持っていくことを提案したんですよ。里崎さんときたら、朝から不安そうに事務所の中をうろうろと歩き回ってばかりで。あんたがそんなに不安がってどうすんのよって感じだったんです」

「やっぱり。さすがは西村さんよね！　里崎君にしてはできすぎだと思ったのよ」

「うるさいなあ〜。西村さんに言われなくても持ってきたよ！」

「どうだか。ねえ、洋子ちゃん」

「ふふふふふ……」

洋子の顔が見る見るうちに明るくなった。

里崎と洋子は慣《な》れた調子でキャッチボールを始めた。その様子を田丸と西村が土手に腰か

けて見守っていた。

「洋子ちゃん、本当に楽しそうね」

「里崎さんの馬鹿正直で誠実なところが、洋子ちゃんには新鮮なんでしょうね」

「そうね。今まで洋子ちゃんの周りにはいなかったタイプの大人だもんね」

里崎と洋子の楽しそうにはしゃぐ声と、ミットを鳴らすボールの乾いた音がキラキラと輝く川面に響いていた。

「何か、またボール速くなったんじゃない？」

「そんなことないと思いますよ。久しぶりだからそう感じるんですよ」

「そうかな？　前より手元で伸びてる気がするけど」

「本当ですか？　それだと嬉《うれ》しいけどな」

「大丈夫？」

「大丈夫です」

「ほんとに？」

「ほんとです」

「龍野さんとはどう？」

「すごく楽しいです」

「ほんとに？」

「ほんとです」

「学校はどう？　問題ない？」

「問題ないです」

「ほんとに？」

「ほんとです」

「いいねえ～」

「ふふふふ。いいでしょう～」

「いいよ～」

「はい」

「いい天気だな～。気持ちがいいや」

「本当に、いい天気ですね」

「俺、今日ここで洋子ちゃんとキャッチボールしたこと一生忘れないと思うよ」

「ほんとですか～？」

「ほんとだよ～」

「私も忘れません」

「この場所は、俺に勇気をくれる場所になりそうだ」

「勇気をくれる場所……。ほんとですか？」

「ほんとだよ」

「いいですね……」

とても短いセリフのやり取りだったが、洋子には里崎の気持ちがとてもよく伝わってきた。里崎の自分を思いやる気持ちが素直に嬉《うれ》しく思えた。

里崎は、洋子の健気《けなげ》な様子に、自分にはない強さを感じていた。自分が育ったのとは全く違う過酷《かこく》な環境の中で、必死に生き抜いてきた洋子の強さと、そうした環境の中にあって奇跡のような素直さを持ち続けた洋子に尊敬の念を抱いていた。

そして、今この瞬間も、救いを求めながら、過酷な環境で身を縮めて生きている子どもたちがたくさんいることに思いを馳《は》せ、心を引き締めた。

洋子が田丸に送られ帰ろうとしたとき、里崎がかわいらしい紙袋を手に歩み寄った。

「洋子ちゃん、これ、もらってくれるかな」

「何ですか？」

洋子が袋の中を覗《のぞ》くと、そこには、ソフトボールの箱詰めと、一球だけ漢字の書かれたソフトボールが入っていた。洋子はその一球を取り出してみた。

「こ、これは？」

「俺が好きな言葉を書いたんだ」

「じ、仁義ですか……」

「そう。仁義」

「ふふふふ……、里崎さんらしいですね。ありがとうございます。大切にします」

田丸と、西村が刺すような視線で里崎を睨《にら》みつけていた。

「じゃあ、洋子ちゃん気をつけて」

里崎は洋子の車を見送ると、西村と一緒に事務所に向かった。

「まったく、何考えてるんですか!? 十七歳の女子高生に送るソフトボールに書く文字が仁義って！ どういう感覚してるんですか！ 馬鹿じゃないんですか！」

「な、何だよ。何そんなにキレてるんだよ」

「里崎さんて、思いっ切りアホですよね！ よりによって、仁義って！ 時代劇に出てくる渡世人《とせいにん》じゃあるまいし。呆《あき》れてものも言えませんよ、まったく！」

「だ、だって、社会で生きていく上で大事なことじゃないか仁義って。仁義を欠いたら世の中上手く渡っていけないだろ……」

「はい、はい、そうですか。もういいです。今さら取り返しがつきませんから」

「そ、そんな、取り返しがつかないっていう言い方って、どうよ……」

乾いた冷たい風が街を吹き抜けていた。車窓を流れていく風景からは、まだ春を感じることはできなかった。街路に佇《たたず》む裸のイチョウや欅《けやき》の木は寒々しく寂《さび》しげな表情で、内に秘めた萌芽《ほうが》のエネルギーを噯《おくび》にも出さず吹く風に身を任せている。穏やかな自然に目を向けている限り、世の中は常に平和そのものだと里崎は感じた。

ふと隣を見ると、助手席では呆れ顔で腕組みをした西村が、憮然《ぶぜん》として遠くに広がる碧空《へきくう》を見つめていた。お洒落《しゃれ》にうるさい西村にとって、あのソフトボールはどうにも許せなかったようだ。怒《いか》りを超えた軽蔑《けいべつ》が西村の横顔からじんじんと伝わってきた。こうした場合、綺麗《きれい》な女性が浮かべる表情は、氷点下何度だろう？　震えさせるほど冷たいものだと里崎は心の中で思った。

＊＊＊

メジロが、咲き始めた梅の花の蜜を吸っている。細い枝の間を小刻みに羽ばたきながら、ちょこまかと忙《せわ》しなく移動しては、嘴《くちばし》を花から花へと差し込むその姿は、なんとも愛らしく、里崎は暫《しばら》くその様子を眺《なが》めていた。

白梅《しらうめ》の清々《すがすが》しい香りが風に乗り漂ってくる。二月の長閑《のどか》な風景が里崎の心を和《なご》ませた。チョコレート会社にとっての福音の日、二月十四日。春はもう、すぐそこまで来ているようだった。

「何よ。梅に鶯《うぐいす》を楽しんでるの？　もはや、ご老人ね」

浮かれた様子の里崎に田丸が冷たく声をかけた。

「田丸さ～ん、あれは鶯《うぐいす》ではなくて、メジロですことよ」

「知らないわよ。日本野鳥の会じゃないんだから。のんびり花見してる場合じゃないでしょ。行くわよ」

「行くって、どこに？」

やれやれといった表情で西村が二人の会話に割って入った。

「嫌ですよね、春先はこういう寝ぼけた人が多くなるから。春眠暁《しゅんみんあかつき》を覚えずってやつですか？　起きてくださいよ、里崎さん。今日は判決が言い渡される日ですよ」

「あ！　そうだった！　西村さんが覚えてるようなことを忘れるなんて。不覚！」

「何が不覚ですか、感じの悪い！　田丸さん、私たちだけで行きましょう」

「ごめんごめん。連れてってよ」

今日は、継父《けいふ》に対し、判決が言い渡される日だ。洋子のケースにとって大きな節目となる日だった。中央子ども家庭センターの誰もが今日の判決に注目していた。

「いよいよだな。二十八条もＯＫ出たし、養子縁組の解消も認められた。あとはこの結果だけだ。裁判所は強姦《ごうかん》を認めるかな。同意だったなんて言わないだろうな」

「うるさいわね。少しは落ち着きなさいよ」

「そうですよ。今日が判決の日だって忘れてたくせに」

「そういう言い方しなくても……立て続けに通告があって忙しくて……」

三人は開廷の十分前に裁判所に到着した。静まり返った法廷の傍聴席に腰かけると、前方に落ち着かない様子で座っている継父の後ろ姿が見えた。三人は静かに開廷を待った。

里崎にはその十分がとても長く感じられた。落ち着かない里崎をよそに、田丸と西村は泰然《たいぜん》として法壇を見つめていた。

法壇奥のドアが開き、裁判官が姿を現した。裁判長が開廷を宣言し、いよいよ判決が言い渡される瞬間を迎えた。

三人は裁判長を凝視した。静まり返った法廷内の空気を裁判長の声が震わせた。

「主文、被告人を懲役八年の刑に処する」

継父は俯《うつむ》き、がっくりと肩を落とした。

田丸と西村は視線を合わせ、お互いに黙って頷《うなず》いた。その横で里崎は小さくガッツポーズを決めた。

裁判長は、主文に続けて理由を説明した。そこでは洋子側の主張が全面的に認められ、被告人の同意の上での性交という主張は完全に退《しりぞ》けられた。何度も主張を変更させ曖昧《あいまい》な説明を繰り返した継父の証言は信憑性《しんぴょうせい》がなく、反省の念も認められないとして、厳しく処断された。

一方で洋子の主張は当初より一貫しており、関係者の証言からも洋子が虚言《きょげん》を弄《ろう》しているとは認められないと結論づけた。裁判長は洋子自身の証言も重要視していたが、説明の中で、何度も何度も田丸証言という表現を使いながら、利害関係のない第三者として出廷した田丸の証言の重要性と信憑性《しんぴょうせい》について言及した。

まさに洋子と児童相談所の勝利といえる判決結果だった。里崎は、裁判長の説明に耳を傾けながら、何度も何度も手元で小さなガッツポーズを繰り返していた。

洋子のこれまでの苦労を思うと、万感《ばんかん》胸に迫るものがあった。洋子が一時保護されてから今日までの出来事が縷々《るる》思い出され、胸の奥が熱くなった。

この結果を早く洋子と龍野に届けたい。三人は同じ思いで裁判長を見つめていた。

閉廷後、田丸はすぐに長谷部課長に電話をし、判決内容を伝えた。電話口から、事務所内で歓声が上がっているのが聞こえてきた。みんなの苦労が報われた瞬間だった。

三人が事務所に戻ると、長谷部課長が大きな声で、お疲れ様！と声をかけた。そして、三人は仲間の拍手に迎えられた。

それぞれのメンバーがそれぞれに難しいケースを抱えている。しかし、抱える問題はそれぞれに違っても、同じ方向に向かって助け合いながら進んでいくこの児童相談所の独特な温かい雰囲気《ふんいき》が里崎は好きだった。どんなに辛いケースを抱えていても、一人じゃないと思えるこの仕事場の雰囲気があるからこそ、みんな前を向いて怯《ひる》まず、進んでいくことができるのだ。

「里崎君、私今から洋子ちゃんのところに行くけど、一緒に行く？」

「どうしようかな……。やっぱ、今日はやめとくわ」

「あら、どうして？」

「いや、何か今洋子ちゃんに会うと泣けてきそうで……」

「あ〜〜。確かに。ピ〜ピ〜泣きそうね。わかった。じゃあ、私だけで行ってくるわ」

「お願いします。洋子ちゃんによろしく」

一時間半ほどして、田丸が事務所に戻ってきた。里崎はすぐに声をかけた。

「どうだった、洋子ちゃんの様子は？」

田丸は思わせぶりな笑みを浮かべ、特徴的な甲高い靴音を鳴らしながら里崎の席に近づいてきた。

「喜んでたわよ。それに、すごく安心したみたい。暫《しばら》くは継父《けいふ》が外に出てこないからね」

「そうか。そりゃ良かった。田丸もやっと一息つけるな」

「そうね。ほかにもたくさんやるべきことはあるけど……。これ、お土産」

「何？」

「チョコレート。洋子ちゃんから。手作りらしいよ」

「マジっすか！」

「何ニヤついてんのよ。はい、ど〜ぞ」

「ありがとうございます、田丸様」

中を覗《のぞ》くと、リボンの掛かったとてもかわいらしい箱と封筒が入っていた。里崎が箱を開けると、手の平ほどある大きなハート型のチョコレートが入っていた。ハートの上には色とりどりのデコレーションが散りばめられている。田丸や西村、それに緑川、後藤や長谷部課長までが興味津々の表情でチョコレートを覗《のぞ》きにきた。

「わ〜、すごくかわいいですよね〜。里崎さんにはもったいないですよ。私が食べてあげましょうか？」

「何で、西村さんにあげなきゃいけないんだよ！」

「でも、ほんとによくできてるわね。西村さんが里崎君にはもったいないって言う気持ちがわかるわ。ねえ、桜子ちゃん」

「すごく手間がかかってるじゃないですか〜。もったいないですぅ〜、里崎さん如《ごと》きに」

「如きって何だ！　如きって！」

「確かに、もったいないわね」

「何ですか、課長まで！　みんな、わかってないな。俺と洋子ちゃんはキャッチボールという強い絆《きずな》で結ばれてるんだよ」

「何が強い絆ですか、仁義ボールの分際で！」

「西村さん、年上の俺に対して分際っていう言い方はどうなの？」

「まあ、まあいいじゃないの、里崎さん。素敵なプレゼントもらったんだから。怒らない、怒らない」

少し遠巻きに様子を見ていた中山係長が茶化すように里崎に言った。

「別に怒ってませんよ！　あれ、この封筒は何だろう？」

「あ！　それは駄目《だめ》よ。ここでは見ないでくれる！」

田丸が慌《あわ》てて里崎に言った。

「どうして？」

「ともかく、ここじゃ駄目！　見たいなら外の土手にでも行って見てきてくれる？」

「何で、ここじゃ駄目なんだよ？　いいじゃないか」

「言うこと聞かないなら返してもらうわよ！」

「わかったよ。外で見てきますよ。土手に行きゃあいいんでしょ！」

里崎は訳がわからぬまま、封筒を手に事務所裏にある土手に向かった。夕日が山際に姿を消そうとしていた。間もなく鮮やかな色彩を奪われる世界が最後に渾身《こんしん》の力を振り絞ってその身を赤く染めているようだった。里崎はオレンジ色の光の中に溶け込みながら、階段を上り土手の上まで進んだ。沈みゆく夕日を眺《なが》めながら、地面に座り、封筒の口に貼られたシールをそっとはがして中を覗いた。そこには一枚の写真と小さなメッセージカードが入っていた。カードを引き出すと、かわいらしい文字が目に飛び込んできた。

『私、今とても幸せです。里崎さん、いろいろありがとうございました。お礼の気持ちを込めて作ったチョコレートです。また、キャッチボールしましょうね』

短い文章にたくさんの思いが込められているように里崎は感じた。

最初に洋子がかけてきたSOSの電話を受けたときのことが鮮明に心に甦《よみがえ》ったかと思うと、これまでの出来事が走馬灯《そうまとう》のように次々と里崎の心に浮かんでくるのだった。里崎は込み上げてくる思いを抑えつつ、封筒に残っていた写真を引き出した。

写真を見た瞬間、里崎の体は猛烈な感動に包まれた。そこには楽しそうにチョコレートを作っている、洋子と龍野の姿が写っていた。その姿は決して里親と里子の姿ではなかった。紛《まぎ》れもなく血の通った真の親子の姿がそこには写っていたのだ。生まれてからずっと実母《じつぼ》の虐待に耐えながら過酷《かこく》な運命に翻弄《ほんろう》され続けた洋子が、ついに本当の母親に巡《めぐ》り合ったのだと里崎は思った。血など繋《つな》がっていなくてもいい。心が通い合ってさえいれば、本当の親子になれるということを、洋子と龍野は里崎に証明してくれたのだ。人間の素晴らしさを証明してくれたのだ。

洋子は求めていた光をついに自分の力で手に入れた。眩《まばゆ》い光の中で満面の笑みを浮かべる洋子の姿が里崎の心にはっきりと見えていた。

里崎は泣いていた。ここで頑張ろう。ここが好きだ。この仕事が好きだ。里崎はそう心の中で叫んでいた。

中央子ども家庭センターに来て二年目、田丸と相棒を組みケースに当たることになったあの日から、今日までの出来事が里崎の体中を駆け巡っていた。幽霊騒動に端を発した川上家のケース。生まれてすぐに亡くなってしまった誠君のケース。社会から逸《そ》れてしまったたくさんの人々の悲しいドラマを数多く見てきた。そして、世間がアウトローだと異端視する彼らの多くが、実は自分と何ら変わらない普通の人々だということを改めて強く感じることになった。彼らの苦しみや悲しみを知ることで自分自身も大きく成長させてもらった。

どこかで誰かが、ほんの少しお節介な手を彼らに差し伸べてさえいれば、彼らの人生は大きく変わっていたかもしれなかった。ほんの少しの手助けで、人は再び社会と繋がることができる。ならば、社会から逸れて苦しんでいる人のもとに走り、もう一度社会と繋ぐ人に自分はなりたい。里崎は強くそう願うのだった。

目を真っ赤にした里崎が事務所に入ってくるのを、田丸は、やっぱりという表情で迎え入れた。

「私がどうしてここでは見るなと言ったか、わかったでしょ」

「はい。よくわかりました。最高のプレゼントでした」

「そう。それは良かった。それと、これは私からのプレゼント。洋子ちゃんに許可をもらって撮ってきたのよ。彼女、意外と気に入ってるみたいね」

そう言うと、田丸は一枚の写真を里崎の机に差し出した。写真には如何《いか》にも女子高生らしく飾られた勉強机が写っていた。そして、机の上の本棚の真ん中には、一目で手作りとわかる十センチ四方ほどのとても小さなかわいい座布団が置いてあり、その座布団の上に大きな文字で『仁義』と書かれたソフトボールが鎮座《ちんざ》していた。

「洋子ちゃんって本当に優しい子だな〜。こんな悪趣味なソフトボールを乗っけるために、こんなにかわいい座布団を作ってあげるなんて。私なら即ゴミ箱行きなんですけどね」

写真を見た西村が、眉《まゆ》をきゅっと上げながらそう呟《つぶや》いた。

「ったく。どうして人が折角《せっかく》感動的な思いに浸《ひた》ってるときに、そういう冷たいセリフが吐《は》けるかなあ」

西村は、フンと鼻で笑いながら自分の席に戻っていった。

里崎は仁義ボールの写真をそっと手に取ると、机の上のデスクマットをめくり、大切そうに置いた。そして、その写真の横に洋子と龍野が笑っている写真を並べると、そっとマットを戻した。司馬係長が里崎の肩をポンと叩《たた》くと、一言、いい写真だなと笑顔で声をかけてきた。里崎はにこやかな表情を浮かべながら、黙って深く頷《うなず》いた。

その様子を長谷部課長が優しい眼差《まなざ》しで見つめていた。

最も過酷《かこく》で最も感動できる職場。児童相談所を形容するのにこれ以上ふさわしい言葉はないと里崎は思った。常に子どもたちの命がかかった気の休まることのない職場であることに間違いはない。少しでも判断を誤れば、子どもたちの命はあっけなく失われてしまう。しかし、同時にそんな重苦しい思いを吹き飛ばしてくれるほど大きな感動に出会える職場であることも、紛《まぎ》れもない事実なのだ。

ここで、頑張ろう。この素晴らしい仲間とともに、力の限り。

今この瞬間もどこかで光を求めて苦しんでいる子どもたちとその親たちがいる。彼らのもとに駆けつけ、再び彼らを照らすであろう輝く光に向かって、ともに走り続けたい。里崎は微笑みかける洋子の写真を見つめながら、気持ちを新たにしていた。

太陽が西の山際に隠れようとしている。姿を隠す直前に夕日が放ったオレンジと青と紫の澄んだ光が、幾重《いくえ》にも溶け合い、空を瑪瑙《めのう》のように輝かせている。その輝きは、明日の眩《まばゆ》い朝の光を約束しているようにとても美しかった。

おわりに

近年、児童相談所を取り巻く環境は大きく変わりつつある。増え続ける児童虐待に、児童相談所が限界を超えながら対応する日々がずいぶん長く続いていた。こうした状況を受け、平成二十八年の児童福祉法の改正やそれに伴《ともな》う児童相談所運営指針の大きな改正が行われ、児童相談所は主に一時保護を伴う重篤《じゅうとく》な虐待ケースを中心に対応することになり、それ以外の虐待ケースは市町村が中心となって対応することとされた。これは、児童相談所が担《にな》ってきたかなりの部分を市町村に担わせるもので、大きな変革だと言える。

今般《こんぱん》の法改正以前から、児童虐待の第一次的相談窓口は市町村とされてはいたが、さまざまな業務が国や都道府県から市町村に事務委任《いにん》され続ける状況下で、市町村が児童虐待の第一次窓口として、その任務を果たすために人的相談体制を整えることは、至難《しなん》の業《わざ》だった。

したがって、今般の大きな改正に対する市町村の困惑は想像に難《かた》くないだろう。法の枠組みが定着するには、まだ、しばらくの時間が必要ではないだろうか。

このような社会状況を鑑《かんが》みれば、今回私が描いた小説の内容は、これまでの児童相談所のケースワークに対するノスタルジーと言えるかもしれない。

さて、私が作品の中で描きたかったのは二つの問題についてである。

一つは住民票を移さずに、子どもを連れて全国を転々とする家庭について。さまざまな事情を抱え、行政や、学校等から気づかれぬよう、地域社会で身を潜《ひそ》める家庭が私たちの身の回りにも存在している。そうした家庭では、貧困に苛《さいな》まれながら、劣悪《れつあく》な環境での生活を強《し》いられる子どもたちが、声を上げることもできず、ぎりぎりのところで、かろうじて命を繋《つな》いでいる場合もあるのだ。

もう一つは、性的虐待についてである（作品執筆時から刑法が改正され、強姦罪《ごうかんざい》は強制性交等罪に改められるとともに、親告罪《しんこくざい》ではなくなっている)。以前に比べると性的虐待が発見されることが多くなってきたとはいえ、まだまだ誰にも相談できず、毎日卑劣《ひれつ》な性暴力に苦しんでいる子どもたちは多い。性的虐待が如何《いか》に卑劣極まる犯罪であるか、被害児の心を如何に酷《ひど》く傷つけるか、この犯罪への対応に際して、被害児にどれほど慎重かつ細やかな配慮が必要であるか、そして、事件化すると、どれほど多くの困難な問題に直面するかについて、できるだけ多くの人に理解してほしいと考えていたからである。

今回の作品も全般にわたって、私は、できるだけ現場の対応を忠実に描くように努《つと》めたつもりである。ただ、小説という枠組みを活用する以上、読みやすさや、スピード感にも気を配る必要があったのも事実である。例えば、立ち入り調査については、最近では以前と違い家庭裁判所への手続きが必要となっている。対象となる家庭を訪問し、面会できない場合や、立ち入り調査を拒否された場合、家庭裁判所に、該当家庭への臨検の承認を求め、承認されてやっと相手の了解を得ずに家庭に立ち入ることができるというのが現状である。しかし、今回扱ったような新生児の生命にかかわるようなネグレクト家庭への立ち入り調査を実施するにあたり、家庭裁判所の承認を求めている余裕があるのかと問われれば、答えに窮《きゅう》するところである。

一般の読者の方々には、児童相談所の職員が、過酷《かこく》な仕事と向き合いながら、焦る心を抑えつつ、こうした司法手続きもこなしているという事実を、知っていただきたい。

私自身は、変わりゆく児童相談所の姿をこれからも見守っていきたいと思っている。そして、今回の法改正が、現場を現状より少しでも改善する方向に進める結果を生むかどうかを注視していきたい。何よりも苦しんでいる子どもたちにより良い未来を与えるような改正になることを願ってやまない。

二〇一八年一月

安道　理

［著者プロフィール］

安道　理
（あんどう　さとし）

現役の公務員で元児童福祉司。安道理はペンネーム。

一般行政職（事務職）として地方公共団体に入庁。いくつかの部署を経て、児童相談所に異動。そこで業務内容の特殊性、危険性、そして、過酷《かこく》な状況に曝《さら》される子どもたちの現実を目の当たりにし、強い衝撃を受け、人生観が一変する。異動後、ケースワーカーとして必要な面接技能等の研修を受けながら、児童福祉司免許を取得。過酷な現実に心を痛める一方で、立ち直っていく家族の感動的な姿にも触れたことで、児童相談所を最も過酷で最も感動的な職場と感じるようになる。その本当の姿を広く伝えることで、児相の職員や、福祉をめざす若者を勇気づけ、さらに悩める親子を児童相談所に導くことに繋《つな》がると考える。

なお、現在は児童相談所から異動し、一般行政職として勤務している。それに伴い肩書きも「元」児童福祉司とした。

走れ! 児童相談所2 光に向かって

2018年3月5日　初版発行
2023年10月1日　第2版発行

著　者　安道　理
発行者　岩本 恵三
発行所　株式会社せせらぎ出版
https://www.seseragi-s.com
〒530-0043
大阪市北区天満1-6-8　六甲天満ビル10階
TEL. 06-6357-6916　FAX. 06-6357-9279

印刷・製本　モリモト印刷株式会社

ISBN 978-4-88416-302-0 C0036